シリーズ〈言語表現とコミュニケーション〉

●監修● 中野弘三・中島信夫・東森 勲

語はなぜ多義になるのか

―コンテキストの作用を考える―

中野弘三［編］

朝倉書店

シリーズ監修

中野　弘三（なかの ひろぞう）　名古屋大学名誉教授

中島　信夫（なかしま のぶお）　甲南大学名誉教授

東森　勲（ひがしもり いさお）　龍谷大学文学部教授

本書編集

中野　弘三（なかの ひろぞう）　名古屋大学名誉教授

執筆者（執筆順）

中野　弘三（なかの ひろぞう）　名古屋大学名誉教授

大室　剛志（おおむろ たけし）　名古屋大学大学院文学研究科教授

早瀬　尚子（はやせ なおこ）　大阪大学大学院言語文化研究科准教授

井門　亮（いど りょう）　群馬大学社会情報学部准教授

石﨑　保明（いしざき やすあき）　南山大学短期大学部准教授

前田　満（まえだ みつる）　愛知大学文学部教授

刊行のことば

　言語の研究は，語用論の研究が盛んになるに伴い，言語構造から言語使用へとその対象を広げつつある．言語使用を研究の対象とする語用論の中心課題は，言語表現とコミュニケーションの場（コンテキスト）の関係の解明であり，特に，コミュニケーションの場で言語表現の意味がどのように伝達されるか（あるいは，理解されるか），という意味伝達（理解）のプロセスの解明である．

　言語表現の意味をコミュニケーションの場との関係から考察することの重要性の一つは，コミュニケーションの場では言語表現の本来の意味（文字通りの意味）が変化する，すなわち，意味の拡大，縮小，比喩的拡張などが生じることである．このことは歴史的観点から見ても重要で，言語表現である（単）語の多義性も，ある期間コミュニケーションの場で用いられているうちに生じた変化の累積と見なすことができる．

　コミュニケーションの場での言語表現の意味を考察する重要性のもう一つは，コミュニケーションの場では言語表現は文字通りの意味だけでなく，「言外の意味」を伝えることである．そして「言外の意味」をくみ取る仕組みを解明することが語用論の重要な研究目標になっている．言外の意味をくみ取る仕組みの中心は「推論」（inference）で，これは「心の理論」（theory of mind）と呼ばれる人間の心の働きの一部と見なされる．推論に関しては，言語コミュニケーションにおいて働く推論は「関連性」（relevance）の原理に従って機能する，という説を主張する関連性理論（Relevance Theory）が現在大きな注目を集めている．

　さらに，今日の言語研究で「言語表現とコンテキストの関係」が重要なテーマと考えられる最大の理由は，コミュニケーションが成功するためには，言語表現がコミュニケーションの場に応じて適切に選択／解釈されることが必要不可欠だからである．なお，この「コミュニケーションの場に適した言語表現の選択／解

釈を行う」人間の能力を（応用）言語学では「語用論的能力」(pragmatic competence) ないしは「コミュニケーション能力」(communicative competence) と呼ぶ．上で述べた，コミュニケーションの場での言語表現の意味の（比喩的）拡張／縮小解釈や推論による言外の意味のくみ取りは，この語用論的（コミュニケーション）能力の働きと考えることができる．

以上に述べた「言語表現とコンテキストの関係」の重要性を考慮して，本シリーズは，コミュニケーションの場で用いられた言語表現の意味の問題をさまざまな角度から検討しようと構想されたものである．本シリーズを特徴づけるキーワードは，「言語表現」，「コンテキスト（コミュニケーションの場）」，言語表現とコンテキストを結びつける「語用論的能力」の三つであり，本シリーズではこれらのキーワードに関わる問題を三つの巻に分けて扱う．言語表現を発話レベルと語（句）レベルに分けて，語（句）とコンテキストの関係を第1巻と第2巻で，発話とコンテキストの関係を第3巻で扱う．具体的には，第1巻では語の多義性とコンテキストの分析を中心に語の意味とコンテキストの関係を，第2巻では対話表現（法表現，談話標識，配慮表現など話し手の心的態度を表す表現）の意味機能を，第3巻ではコンテキストに応じた発話の解釈と発話行為の選択の問題を，それぞれ扱う．なお，「語用論的能力」は第3巻で一番詳しく扱うが，ほかの2巻の内容にもさまざまな形で関係する．

2017年2月

シリーズ監修者　中野弘三・中島信夫・東森　勲

まえがき

　本書は,『語はなぜ多義になるのか―コンテキストの作用を考える』というタイトルが示すように,語が多義化する主要な原因は語が使用されるコンテキストにあるという観点から,語の多義化に関するさまざまな問題を考察,検討する.
　語の多義化は,原理的には,当の語がその元来の意味(基本義)が表す指示対象に関連するが,完全には一致しない指示対象を表す意味(派生義)を獲得した際に生じる,と言える.語においてこのように基本義から派生義が生じる過程は「語の意味拡張」とも言えるが,語の意味拡張には,当然のことながら,一定の制限がある.一つの語の意味拡張は当の語が基本義とは異なった新しい意味を獲得することであるが,その新しい意味は基本義とまったく無関係な,ないしは対立する意味ではあり得ない.たとえば,
　(1) Please put the *kettle* on.（ヤカンを火にかけてください）
におけるkettleはヤカンという台所道具を表し,〈ヤカン〉という概念はこの語の基本義である.〈ヤカン〉という概念は,〈フライパン〉,〈ミルクパン〉,〈片手鍋〉など同じ台所道具を表す他の概念と対立する.すなわち,kettleは本来的に他の台所道具を排除して,ヤカンという道具のみを表すのに用いられる語である.
　kettleはこのようにその基本義(原義)と無関係な,あるいはそれと対立する意味(概念)を表すことはないが,しばしばコンテキストに応じて基本義から多少ともズレた意味を表すことがある.次のコンテキストでのkettleは,〈ヤカン〉に関連するが,〈ヤカン〉そのものではない意味を表していると解釈される.
　(2) a. The *kettle* is boiling. 〈ヤカンの中の水〉
　　　 b. Pour a *kettle* of boiling water over the onions. 〈ヤカン一杯分〉
〈ヤカンの中の水〉,〈ヤカン一杯分〉といった意味は,述語であるboilとの共起関係や 'a ～ of ...' という分量を表す表現形式との関係から生じるもの,すなわち,kettleを含む文の意味環境や形式というコンテキストの作用で生じる派生義である.これら派生義の注目すべき点は,基本義〈ヤカン〉に密接に関連する事物や

概念を表していることである．これは当たり前のことで，コンテキストの作用がどうであれ，解釈されるのは kettle という語であるので，その解釈は基本義〈ヤカン〉と無関係ではあり得ない．

　さらにもう一つの注目すべきことがあり，それは関係するコンテキストの種類である．(2a, b)の〈ヤカンの中の水〉，〈ヤカン一杯分〉という意味は派生義であり，これらは語義としてどの辞書にも記載されている．これらの派生義（語義）の発生に関わるコンテキストは当該の語を含む文の意味環境や形式（構造）であり，このようなコンテキストは「文コンテキスト」(sentential context) と呼ぶことができる (cf. Evans and Green (2006) *Cognitive Linguistics: An Introduction*, pp.353-354)．

　ところで，kettle の語義として現在では定着しているこれらの派生義もはじめから定着していたわけではなく，たとえば(2a)のような発話では，最初は話し手が聞き手の注意を喚起しようと，'the water in the kettle' と言う代わりにわざと簡単に 'the kettle' と言ったものと思われる．それを聞いた相手が話し手の意図した意味をコンテキストから推理して探り当てるのであって，〈ヤカンの中の水〉という意味は当初は臨時的な意味であったと想像できる．この kettle のように，当初は臨時的な意味であったものが後に英語の社会で派生義（語義）として定着する場合がある一方で，臨時的な意味が派生義（語義）化しない場合もある．

(3) Tom: (*who has a football under his arm*): Let's play tennis.
　　 Billy: Have you got a *ball*?
　　 Tom: No. I thought YOU had one.
　　　　　　　　　　　　(Croft and Cruse (2004) *Cognitive Linguistics*, p.128)

のような対話においては，Tom は Billy が発した ball という語を〈テニスボール〉と解釈している（そうでなければ，No. と否定するはずがない）．この解釈は(3)のコンテキストに限られた臨時的なもので，〈テニスボール〉が ball の派生義（語義）とは考えられない．(3)のコンテキストでは常識的には Billy の発した ball という語は〈テニスボール〉と解釈されるが，もし Tom がいたずら心から "Yes. I have a football." と返答したとしても，意味上何らの矛盾も生じない．すなわち，ball という総称的な語には特定のスポーツのボールのみを表す語義は存在しないということである．kettle に作用する(2)のコンテキストと異なって，ball に作用する(3)のコンテキストは文の意味環境や形式（構造）ではなく，「テニスをする」という場面 (situation) である．このような場面的コンテキストは，談話的コン

テキストと併せて,「使用の場コンテキスト」(usage context) と呼ばれる (cf. Evans and Green (2006), pp.353-354).

なお,聞き手が文コンテキストや使用の場コンテキストに依存して語の意味を解釈する際には,常にその背後に聞き手の百科事典的知識 (encyclopaedic knowledge) が存在する.これは語が表す事物・事象について人が持っている背景的知識であり,たとえば,(3)において Tom が ball を〈テニスボール〉と理解するのは,テニスにはそれに使われる特別なボールがあるという百科事典的知識が Tom にあるからである.このような背景的知識も語の新しい意味の解釈に作用するコンテキストと捉えることができるところから,「知識コンテキスト」(knowledge context) と呼ばれることがある (cf. Evans and Green (2006), pp.353-354; Croft and Cruse (2004), pp.137-138).

以上の簡単な紹介からも分かるように,コンテキストの作用を多義語化の重要な要因と考える分析が扱うべき問題として,少なくとも次の三つがある.
① コンテキストの種類と作用
② 語義と臨時的な意味
③ 語の意味拡張(変化)の実相

これらの問題が本書でどのように扱われるかをここで述べなければならないが,その前に本書の構成を示しておく.本書は多義性の諸問題を扱うと同時に,多義性の言語理論(意味理論,語用論)での扱いを紹介することも意図している.本書の第1章「語の多義性」と第2章「多義性とコンテキスト」は基礎編で,多義性の基本的な問題やコンテキストの作用を解説する.第3章～第5章は現在の意味理論や語用論理論が多義性をどのように扱うかを紹介する章であるが,具体的には第3章「多義語の分析Ⅰ―語彙意味論的アプローチ」は概念意味論や生成語彙論の分析を,第4章「多義語の分析Ⅱ―認知意味論的アプローチ」は認知意味論の分析を,第5章「多義語の分析と語用論」は語彙語用論の分析を,それぞれ扱う.第6章「語義の歴史的変化とその事例」と第7章「借用語に見る意味変化」は語義の通時的意味変化,すなわち,語の多義化の過程を具体例で観察する.

さて,①のコンテキストの種類と作用の問題は本書第2章で主に扱うが,コンテキストの作用によってどのような(臨時的)意味が派生するかについては第3章と第5章でも扱われる.第3章は上述の文コンテキストが語の意味解釈に及ぼす作用を理論的に説明しようとする語彙意味論的アプローチを紹介し,一方,第

5章は語の意味内容はすべてコンテキストによって決定されるという徹底した「コンテキスト主義」(contextualism)を採る語彙語用論を紹介し，コンテキストが語の意味形成に如何に作用するかを具体例によって詳しく説明する（語彙語用論ではコンテキストの種類分けはあまり問題にされない）．

②の語義と臨時的な意味の問題とは，コンテキストの作用により語の基本義から生じる派生的な解釈（意味）が，(2)の kettle のように派生義（語義）である場合と，(3)の ball のようにその場限りの臨時的な解釈（意味）である場合があることである．第1章と第2章ではこのようなコンテキストの作用によって生み出される語義と臨時的意味の基本的な相違を扱う．他方，第5章はコンテキストの作用によって形成される語の意味には語義と臨時的意味という区別を認めない語彙語用論独自の考え方を紹介する．

③の語の意味拡張（変化）の問題は語の多義化の最重要問題で，多義性の研究には語の意味がどのような過程を経て，どのような方向に拡張（変化）するのかの解明が不可欠である．語の意味はメタファー，メトニミー，シネクドキなどの人間の比喩的意味拡張能力の働きによって，語の基本義との関連性が失われない範囲内で拡張（変化）する．語の意味拡張は多義性の基本問題であるので，詳しさの度合いの差はあるものの，どの章もこの問題に触れている．しかし，この問題を中心に据えて，多義性の理論的な分析を行っているのは認知意味論であり，本書では第4章がこの認知意味論的分析の解説を行っている．また，事例分析ではあるが，第6章は語の歴史的意味変化の分析を実例によって示し，さらに，第7章は外国からの借用語が借用後に被る特別な意味変化（たとえば，英語の smart に由来する「スマート」が英語の smart にはない意味を日本語において獲得するような場合）について解説する．

最後に，本書の刊行に至る過程で終始作業を支えて下さった朝倉書店編集部の方々に心から感謝申し上げたい．

2017年2月

中 野 弘 三

目　　次

〈第 I 部　基礎編：多義性の基本的問題〉

第 1 章　語の多義性 ……………………………………［中野弘三］… 2
1.1　語の意味の曖昧性—多義性，同音意義性，不明確性 ……………… 2
1.2　多義語と同音意義語・不明確語との相違 …………………………… 6
　1.2.1　不明確語との相違 ………………………………………………… 6
　1.2.2　同音異義語との相違 ……………………………………………… 10
1.3　多義語の語義の特徴 ……………………………………………………… 13
　1.3.1　語義の自立性 ……………………………………………………… 13
　1.3.2　語義の定着性 ……………………………………………………… 16
1.4　多義語の語義間の関連性 ……………………………………………… 17

第 2 章　多義性とコンテキスト ……………………………［中野弘三］… 24
2.1　語の意味とコンテキスト ……………………………………………… 24
　2.1.1　活性領域 …………………………………………………………… 24
　2.1.2　意味の文脈的変種の種類 ………………………………………… 27
　2.1.3　語義，下位語義，ファセット …………………………………… 29
　2.1.4　ファセットと規則的多義性 ……………………………………… 34
2.2　多義性と比喩的意味 …………………………………………………… 36
　2.2.1　多義性とメトニミー ……………………………………………… 38
　2.2.2　不規則的多義性と比喩表現（シネクドキ，メタファー）……… 42
2.3　ま と め ………………………………………………………………… 45

〈第Ⅱ部　実践編：多義語分析の実践〉

第3章　多義語の分析Ⅰ ― 語彙意味論的アプローチ　　　［大室剛志］… 50
- 3.1　はじめに …………………………………………………………… 50
- 3.2　語の多義性と生成語彙論 ………………………………………… 53
  - 3.2.1　語彙概念変化形と特質構造 ………………………………… 53
  - 3.2.2　下位タイプ強制 ……………………………………………… 58
  - 3.2.3　補部強制 ……………………………………………………… 59
  - 3.2.4　共合成 ………………………………………………………… 63
  - 3.2.5　選択的束縛 …………………………………………………… 65
- 3.3　語の多義性と概念意味論 ………………………………………… 67
  - 3.3.1　語の多義性と縮約表記法 …………………………………… 68
  - 3.3.2　語の多義性と意味場 ………………………………………… 74
  - 3.3.3　語の多義性と優先規則体系 ………………………………… 75

第4章　多義語の分析Ⅱ ― 認知意味論的アプローチ　　　［早瀬尚子］… 80
- 4.1　はじめに …………………………………………………………… 80
- 4.2　意味拡張のメカニズム …………………………………………… 80
  - 4.2.1　メタファー …………………………………………………… 80
  - 4.2.2　メトニミー …………………………………………………… 82
  - 4.2.3　シネクドキ …………………………………………………… 83
- 4.3　認知言語学での多義 (1) ………………………………………… 83
  - 4.3.1　放射状カテゴリー …………………………………………… 83
  - 4.3.2　分析上の留意点 ……………………………………………… 85
- 4.4　認知言語学での多義 (2)：スキーマとネットワークモデル …… 91
  - 4.4.1　ネットワークモデル ………………………………………… 91
  - 4.4.2　ネットワークモデルと多義・単語・同音異義 …………… 92
  - 4.4.3　ネットワークモデルとメタファー・メトニミー・シネクドキ …… 95
- 4.5　多義の発生と使用文脈：言語変化の観点から ………………… 101
- 4.6　まとめ ……………………………………………………………… 102

第5章　多義語の分析と語用論 ……………………［井門　亮］… 106
5.1　はじめに ………………………………………………………… 106
5.2　語彙語用論とは ………………………………………………… 108
5.3　関連性と発話解釈 ……………………………………………… 109
5.4　アドホック概念構築 …………………………………………… 112
5.4.1　語彙的絞り込み ………………………………………… 112
5.4.2　語彙的拡張 ……………………………………………… 114
5.4.3　語の語用論的解釈のプロセス ………………………… 117
5.5　語彙語用論の可能性 …………………………………………… 118
5.5.1　修辞表現への応用 ……………………………………… 118
5.5.2　アドホック概念の定着可能性 ………………………… 122
5.5.3　語彙語用論から句語用論へ …………………………… 124
5.6　おわりに ………………………………………………………… 126

〈第Ⅲ部　応用編：意味変化の要因を探る〉

第6章　語義の歴史的変化とその事例 …………………［石崎保明］… 130
6.1　畢竟，語は多義になる ………………………………………… 130
6.2　語義の歴史的変化を調べるには ……………………………… 131
6.2.1　辞書を用いての調査 …………………………………… 131
6.2.2　（電子）コーパスを用いての調査 …………………… 133
6.3　理論的枠組み …………………………………………………… 136
6.3.1　構文文法理論 …………………………………………… 136
6.3.2　（通時的）構文化・構文変化の研究：
　　　　　Traugott and Trousdale（2013）…………………………… 137
6.3.3　頻度の種類と役割 ……………………………………… 140
6.4　事例分析 ………………………………………………………… 140
6.4.1　語彙的構文化①：*dom* ………………………………… 140
6.4.2　語彙的構文化②：*garlic* ……………………………… 142
6.4.3　文法的構文化：*several* ………………………………… 144

6.4.4　構文変化：*man* ……………………………………… 145
　6.5　ま　と　め ……………………………………………………… 147

第 7 章　借入語にみる意味変化 ……………………………［前田　満］… 151
　7.1　は じ め に ……………………………………………………… 151
　7.2　借入とその動機 ………………………………………………… 152
　7.3　借入と意味変化 ………………………………………………… 154
　　　7.3.1　借入語の意味変化 ……………………………………… 155
　　　7.3.2　借入がまねく意味変化 ………………………………… 161
　7.4　借入の動機と意味変化 ………………………………………… 163
　　　7.4.1　語彙の「空白」の充塡と借入語の意味変化 ………… 164
　　　7.4.2　借入語と本来語の競合と意味の差別化 ……………… 169
　7.5　ま　と　め ……………………………………………………… 173

索　　引 ……………………………………………………………………… 177
英和対照用語一覧 …………………………………………………………… 181

第Ⅰ部　基礎編

多義性の基本的問題

第1章　語の多義性

中野弘三

◆ 1.1　語の意味の曖昧性――多義性，同音異義性，不明確性

　語の多義性（polysemy）とは一つの語が複数の意味，すなわち，語義（sense）を持つことをいうが，言語には，一見単一の語が複数の語義を持つようにみえる，疑似多義的な現象が他に二つ存在するので，それらからみておこう．なお，語の意味の曖昧性を問題にする場合には，「語義」とは何かを明確にする必要があるが，語義についての詳しい議論は次の節で行うことにして，この節では暫定的に伝統的な考え方に従って語義を次のように扱う．語が指し示す言語外の世界の事物や事象の集合を「外延」(extension）といい，そして外延に属する指示対象に共通する特性（属性）を「内包」(intension）というが，この「内包」を「語義」と考えて話を進める．

　一見単一の語が複数の語義を持つかにみえる現象の一つは，次の(1)の例にみられるものである．

(1) a. I missed the *ball*.（ボール（を取り損なう）｜舞踏会（に出席の機会を逃す））
　　b. This is a strange *bat*.（バット｜コウモリ）
　　c. 彼女の写真はここでトラレたようです．（撮られ｜取られ（＝盗まれ））
　　d. 彼の提案には何のイギもない．（意義｜異議）

(1a, b) の ball, bat は単一の語であって，それぞれ，〈ボール〉と〈舞踏会〉，〈バット〉と〈コウモリ〉という複数の語義を持つようにみえるが，それぞれの語の二つの語義は一つの語の語義と考えるには意味関係がかけ離れすぎており，また語源をたどると別の語であったものが，たまたま同一の音形（綴り字）を持つに至ったことがわかる（なお，山括弧〈　〉は語義および言語表現一般が表す概念

（意味）を表すものとして用いる．以下同様）．したがって，ball の〈ボール〉と〈舞踏会〉，bat の〈バット〉と〈コウモリ〉という語義は単一の語の二つの語義でなく，二つの異なった語のそれぞれの語義とみなさざるを得ない．ball や bat の例のように，異なった語義を持つ複数の語が発達の過程でたまたま同一の発音（綴り字）を持つに至った場合，それぞれの語は同音異義語（hyponym）と呼ばれ，同音異義語間の関係は同音異義性（hyponymy）と呼ばれる．

　日本語には同音異義語が非常に多いといわれており，たとえば，「取る」，「撮る」，「採る」，「捕る」，「執る」など異なった行為を表す語が［トル］という同一の音形をとり，また，「橋」，「端」，「箸」，「嘴」，「梯」などの異なった事物を表す語が［ハシ］という同一の音形をとるように，音形と意味が「一対複数」の対応を成している例が多数ある．(1c, d)は英語の(1a, b)と同じ同音異義語の例である．ただし，日本語の書きことばでは，語の違いを漢字によって区別するので，英語の(1a, b)のような曖昧性は生じない．

　外延と内包という観点からみると，同音異義語には別の特徴が認められる．ball や bat の外延は，それぞれ，その語義，すなわち内包である〈ボール〉，〈舞踏会〉，〈バット〉，〈コウモリ〉という特性を共有するものの「類（カテゴリー）」である．同音異義語にみられる語義間の曖昧性は，外延（指示対象）の次元では「類」間の曖昧性ということになる．

　同音異義語に加え，語が見かけ上複数の語義を持つようにみえる現象がもう一つあり，それは，次の例にみられるものである．

(2) a. We used to have a *dog* when I was young.（秋田犬，ブルドッグ，ゴールデン・レトリーバー，チワワ，柴犬，…）

　　b. John bought a new *camera*.（一眼レフカメラ，二眼レフカメラ，ビューカメラ，デジタルカメラ，…）

　　c. 海外旅行中偶然に私の隣人に出会った．（男性の隣人，女性の隣人，大人の隣人，子供の隣人，…）

　　d. 彼はいい車を持っている．（外国車，国産車，セダン，スポーツカー，…）

(2)の例での dog, camera,「隣人」，「車」などの語の場合は，総称的，包括的な意味を表す，つまり，"類"を表す語であるため，同じ類に属するさまざまな変種（variant）をその外延の中に含む．たとえば，(2a)の dog という語が表す"類"は

"品種"（秋田犬，ブルドッグ，ゴールデン・レトリーバー，チワワ，柴犬など），"サイズ"（大型犬，中型犬，小型犬），"用途"（牧畜用，狩猟用，愛玩用など）といった観点から下位の類（変種）に分類されるが，dog という語はこれらの下位類（変種）のいずれをも指し示すことができる（つまり，これらの下位類は dog の外延に含まれる）．しかし，類を表す英語の dog や日本語の「犬」の語義には，以下掲げた辞書の記述にみるように，指示対象がどの下位類のものであるかを特定する情報が含まれていない（たとえば，指示対象が秋田犬とか bulldog とかに特定されるような情報は含まれていない）．

(3) a. a very common four-legged animal that is often kept by people as a pet or to guard or hunt. There are many different breeds of dog. (CCDC)
b. ネコ目（食肉類）イヌ科の哺乳類．よく人になれ，嗅覚と聴覚が発達し，狩猟用・番用・軍用・警察用・労役用・愛玩用として広く飼養される家畜．品種も日本在来の日本犬（秋田犬・柴犬など）のほか多数あり，大きさ・毛色・形もさまざまである． 『広辞苑』（第6版）

したがって，(2a)の文の発話を初めて耳にした聞き手にとっては dog の指示対象がどの下位類に属するか曖昧となる．なお，dog,「犬」の語義に犬の下位類を示す概念が含まれていないのは当然のことで，dog,「犬」の語義（内包）は犬のすべての下位類に共通する性質を表すものであるとするならば，その語義に秋田犬や bulldog などの特定の下位類のみを特徴付ける概念が含まれるはずがないからである．

(2)の例のように，類を表す総称的な意味の語が実際に用いられる発話の場で変種（下位類）のいずれをも指示できることから生じる曖昧性は，意味論では不明確性（vagueness）と呼ばれる．不明確な曖昧さは，事物を表す dog や camera のような名詞だけでなく，行為を表す動詞にも認められる．たとえば，

(4) a. I *eat* fish everyday.
b. I *play* with my children every weekend.

における eat は〈生で食べる〉，〈焼いて食べる〉，〈煮て食べる〉など魚のいろいろな食べ方のどれを表すかは不明確であるが，どれをも含み得る総称的，一般的な意味を表す．play も同様で，ゲームをする，スポーツをするなど遊び方にはさまざまな種類があるが，(4b)の play はどの遊び方をするかについては不明確である

が，遊び方の区別にはとらわれない，「遊ぶ」ことを総称する概念を表す．なお，このように不明確な曖昧さは一つの語義から生み出されるものと考えられて，dog, camera, eat, play など，指示対象が不明確となる語は一義語（monoseme）と呼ばれる．

同音異義性や不明確性は，以上でみてきたように，単一の語が複数の語義を持つことから生じる曖昧性ではないことがわかったが，真に単一の語が複数の語義を持つ多義性から生じる曖昧性とみなされるのは，次の(5)のような例である．

(5) a. I like this *chicken*.（鶏｜鶏肉）
　　b. I found his *glasses* on the table.（グラス｜眼鏡）
　　c. 彼は子供だ．（未成年｜幼稚な大人）
　　d. それは彼の手です．（身体の一部｜手法／策略）

(5)を多義性の例とみなす重要な根拠は，曖昧性を生み出す語義の間に同一の語に属すると考えるだけの関係が見いだされるからである．(5a)の chicken の持つ〈鶏〉と〈鶏肉〉という語義の間には，「鳥と食用としてのその鳥の肉」という関係が，また，(5b)の glass の持つ〈グラス〉と〈眼鏡〉という語義の間には「ガラス製品」という共通の要素が認められる．(5c)と(5d)の「子供」と「手」に見られる曖昧性も，(5b)の例と同様，本来の語義〈（大人に対する）子供〉，〈（身体の一部としての）手〉とその比喩的拡張から生まれた語義から生じたものとみなすことができる．(5)の例にみられるこのような「一つの語の複数の異なった語義」が本書の主題である「多義性」であり，(5)の例の英語の chicken や glass，日本語の「子供」や「手」のように，意味上の関連のある複数の語義を持つ語は多義語（polyseme）と呼ばれる．

多義性の研究が解明すべき問題はいろいろとあるが，なかでも従来から重視されたのは

ⅰ）多義性と不明確性や同音異義性の違いは何か，
ⅱ）多義語が持つ複数の語義間にはどのような意味関係（すなわち，関連性）が存在するか
ⅲ）多義性にはどのような種類があるか，

といった問題である．以下の本章では，これらの多義性の基本的な問題を考察することにしよう．

◆ 1.2 多義語と同音異義語・不明確語との相違

1.2.1 不明確語との相違

1.1節で語の意味の曖昧さには多義性，同音異義性，不明確性という三つの種類があることを述べたが，この節ではこれら三者，および三者を具現する多義語，同音異義語，不明確語の間の相違をもう少し詳しく述べておこう．三者の根本的な相違点の一つは，多義性（語）／同音異義性（語）と不明確性（語）の間にみられる両義性（ambiguity）と不確定性（indeterminacy）の相違である．多義語と同音異義語が生み出す曖昧性は，複数の語義の間の曖昧性で，この曖昧性を「両義性」という．たとえば，同音異義語の(1a)のballの場合は，たまたま同じ音形を取るball$_1$の語義〈ボール〉とball$_2$の語義〈舞踏会〉のいずれにも解釈でき，多義語の(2a)のchickenの場合はこの語の二つの語義〈鶏〉と〈鶏肉〉のどちらとも解釈できるという曖昧性であり，このような語義間に生じる曖昧性が両義性である．これに対し，(2)に例示した不明確語が生み出す曖昧性（不確定性）は語義間の曖昧性ではない．不明確語は一つの類（カテゴリー）の総称する語であって，その語義（内包）は類に属するもののすべて（外延）に共通する性質（属性）を内容とする．ここで注意すべきことは，類の総称である不明確語の外延（指示対象の集合）にはさまざまな下位類が含まれるが，不明確語の内包には指示対象がそのような下位類のどれに当たるかを特定する情報が含まれていない．そのため，たとえば(2a) We used to have a dog .... という文の発話を聞いた人には，当の犬がどの品種（下位類）の犬であるかが曖昧（不明確）となる．では，類を表す不明確語に曖昧さ生じさせる下位類の情報はどこから得られるのかというと，その源はわれわれが言語使用（および解釈）の際に活用する百科事典的知識（encyclopedic knowledge）である．百科事典的知識とは，われわれが体験，経験を通して蓄積した，われわれの周りの世界について知識であり，われわれの言語活動において言語そのものについての知識である言語的知識（linguistic knowledge）を補うものとして活用される．(2)に示したdog, camera,「隣人」,「車」などの語は類についての情報は伝えるが，下位類を特定する情報は何ら伝えない．一方で，われわれはこのような類のそれぞれにどのような下位類が存在するかを一般常識として知っている．たとえば，dogという語が表す類に秋田犬，ブルド

ッグ，ゴールデン・レトリーバー，チワワ，柴犬などの品種，大型・中型・小型のサイズの別，狩猟用・番用・軍用・警察用・労役用・愛玩用などの用途の別があることをわれわれは一般常識として知っており，この一般常識が百科事典的知識である．なお，辞書の記述には，(3b)に掲げた『広辞苑』(第6版)の「犬」の定義にみるように，理解を容易にするための便宜上，用途，品種，サイズなど百科事典的知識に含まれる下位類の情報を加えてあることもあるが，これは(下位類を特定する)「犬」の語義(辞書的意味)の内容を成すものではない．

　では，このような百科事典的知識が生み出す不明確語の曖昧性(＝不確定性)と，多義語／同音異義語に見られる語義間の曖昧性(＝両義性)との間にはどのような相違があるのだろうか．重要な点は，語の語義の内容はその語の言語的文脈に含まれる他の語(句)の語義との間に何らかの意味関係を持つのに対し，語義でない情報は他の語(句)との間に意味関係を持つことがない，ということである．たとえば，同一の指示対象の特性を記述する二つの語の語義が対立する場合は意味上の矛盾を生じるのに対し，語義でない，百科事典的知識から生じる連想的な意味(以下では，便宜上「百科事典的含意」と呼ぶ)は対立するものであっても，矛盾は生じない．

(6) a. *male actress（male の〈男性の〉という語義と actress に含まれる〈女性の(俳優)〉という語義の間に意味上の矛盾が生じる）
　　b. female actor（female の〈女性の〉という語義と actor の百科事典的含意である〈男性・女性いずれかの(俳優)〉との間には意味上の矛盾は生じない）

また，語義同士は 'not～but…' を用いて対比できるのに対し，語義と百科事典的含意はこのような対比ができない．百科事典的含意は語義と対等な意味関係を持つことができないからである．なお，'Something is not A, but B' という構文で，「AでなくてBである」と対比されるAとBは，通常，ある類の下位類を成すものである．類と下位類の関係や定義は従来から哲学・論理学の用語を用いて行うことが多いので，ここでもその慣行に従うことにしよう．論理学では類の下位類を「種」と呼び，(下位)類は「最近類(＝種が属する最も近い類)」と種差」から成ると考える．種差とは次のように説明される．

(7) 〔論〕(differentia specifica (ラテン)) 同位概念(同一の類概念に属する2個以上の種概念)のうち，特定の種に固有な性質で，それを他の種から区別する規準と

なる徴表．例えば，人間を他の動物から区別する場合，人間における「理性的」
という徴表．　　　　　　　　　　　　　　　　　　　『広辞苑』（第6版）

dogという類に属するbulldogやChihuahuaのような種（下位類）を例にとって
考えてみよう．本節で考えるbulldogやChihuahuaの語義はこれらの語が表す概
念を定義するものであるので，その語義は次のように「最近類」（この場合はdog）
と「種差」からなるものと考えることができる．なお，〈ブルドッグ〉と〈チワワ〉
は，それぞれ，ブルドッグとチワワという品種を特徴付ける種差（徴表）とし，
また〈イヌ〉はdogの語義とする（厳密には，〈イヌ〉は猫，牛，馬などの他と動
物との差異を表す種差であり，dogの語義には〈哺乳動物〉，〈四つ足の〉などの
種差以外の概念も含まれるが，ここでは便宜上〈イヌ〉をdogの語義の全体とす
る）．

(8) bulldogの語義：〈イヌ〉（最近類）＋〈ブルドッグ〉（種差）
　　 Chihuahuaの語義：〈イヌ〉（最近類）＋〈チワワ〉（種差）

bulldogとChihuahuaの語義はどちらもdog類の種であり，種差で対立している
ことを表しているので，これらの語義は次の(9a)に示すように，'not〜but…'を
用いて対比することができる．これに対し，dogには〈ブルドッグ〉という百科
事典的含意があるので，もしその含意が〈チワワ〉と対比できるのであれば，(9b)
は(9a)と同様に適格な表現であるはずであるが，実際は意味上不適格な表現とな
る．なぜならば，(9b)の文でChihuahuaの種差〈チワワ〉と対比されているのは
dogの百科事典的含意ではなく，dogの語義〈イヌ〉であるため，〈犬でなくて，
犬の一種であるチワワである〉という意味上の矛盾を生むからである．

(9) a. John's favorite pet is not a *bulldog*, but a *Chihuahua*.
　　 b. *John's favorite pet is not a *dog*, but a *Chihuahua*.

語義と百科事典的含意の間には他にも違いが認められる．'数詞＋語（普通名
詞）'の構文における語の語義には，同類の事物／事象を表すものでなければなら
ない，という「同類」制約が存在する．この制約は両義性を持つ同音異義語と多
義語の両方に当てはまる．

(10) a. two balls（二つのボール or 二つの舞踏会）　[同音異義語]
　　　b. two dishes（二つの料理 or 二つの皿）　[多義語]

(10a)と(10b)には，それぞれ，〈一つのボールと一つの舞踏会〉〈一つの料理と一

つの皿〉という混合した組合せの解釈はない．数詞の後の語が表す事物／事象は「同類」であることを求められるからである．一方，不明確語 ball（ボール）には，baseball, basketball, bowling ball, football, golf ball, tennis ball, volleyball などの種（下位類）があるが，ボールにこれらの種類があることについての知識は百科事典的知識である．しかし，このような知識から生じる百科事典的含意は two balls という表現に課せられる「同類」制約によって制限されることはない．すなわち，この表現に課せられる「同類」制約は百科事典的含意には及ばず，two balls の二つのボールは，「同一種」である必要はなく，〈野球のボールとテニスのボール〉のように異なった種を指し示すことができる．同様に，two friends／「二人の隣人」に伴う〈男性の友人／隣人〉，〈女性の友人／隣人〉，〈大人の友人／隣人〉，〈子供の友人／隣人〉などの百科事典的含意は，「同類」制約によって制限されることはなく，two friends／「二人の隣人」が表す人物は，たとえば〈男性の友人／隣人と女性の友人／隣人〉という異種の組合せであってもよい．

　'数詞＋語（普通名詞）' と類似した意味上の「同値」が求められる 'do so／do too 置き換え' 構文においても語義には制約が作用するのに対し，百科事典的含意には制約が及ばない．

   (11) a. John missed the *ball* and so did Bill.　［同音異義語］
         b. I don't want a *pig* in our house and my wife doesn't, either.　［多義語］
         c. Mary adopted a *child* and Lynda did so, too.　［不明確語］

(11a)の ball は〈ボール〉と〈舞踏会〉のいずれかを表す同音異義語，(11b)の pig は〈豚〉と〈大食漢〉を表す多義語，(11c)の child は〈男の子供〉，〈女の子供〉，〈幼児〉，〈赤ん坊〉などの百科事典的含意を持つ不明確語であるが，'do so／do too 置き換え' 構文において「同値」が求められるのは語義のみで，百科事典的含意にはそれが求められない．二つの異なった語義を持つ ball を含む(11a)においては，「同値」の制約が働いて，John と Bill が逃したものはともにボールか舞踏会かのどちらかであることが求められ，「John がボールを取り損ね，Bill が舞踏会に出席し損ねた」あるいは [John が舞踏会に出席し損ね，Bill がボールを取り損ねた」という異なった語義の組合せの解釈は許されない．〈豚〉と〈大食漢〉という異なった語義を持つ多義語 pig を含む(11b)の場合も同様で，話し手と妻が家の中にいることを好まないのはともに豚である，ないしは大食漢である，との解釈は

許されるが，二人の人物の一方が豚を，他方が大食漢を好まない，という混合した解釈は許されない．一方，〈子供〉という類を表す語義を持つ child の下位類を表す〈男の子〉，〈女の子〉などの概念は child の外延に関する百科事典的知識から生じる含意に過ぎない．(11c)において「同値」の制約が作用するのは，〈子供〉という類のレベルの語義においてのみであって，百科事典的含意のレベルには作用が及ばない．そのため，(11c)は Mary と Lynda が養子とした子供が両方とも男の子（ないしは女の子）である状況だけでなく，一方の養子が男の子で，他方の養子が女の子であるという混合した状況をも表すことができる．

1.2.2 同音異義語との相違

多義語と同音異義語は，上述のようにそれが生み出す曖昧さが両義的（ambiguous）であり，単一の音声形式の語が複数の語義を持つという点では類似しているが，定義上はまったく異なった性質の語である．同音異義語は，まったく関連のない異なった語義を持つ複数の語が偶然に同一の音声形式を取る場合をいうのに対し，多義語は，単一の（音声形式の）語が互いに意味上の関連のある複数の語義を持つ場合をいう．すなわち，同音異義語と多義語の違いは，単一の音声形式の語が持つ複数の語義がまったく無関係である（unrelated）か，何らかの関連を持つ（related）かの違いである．

このように定義上は同音異義語と多義語の間には明確な相違があるが，現実の例においては，同音異義語であるか多義語かであるかが単純に決めがたい場合も少なくない．同音異義語と多義語の区別を難しくする最大の原因は区別の基準となる「(語義間に)関連がある」(related)という概念が厳密に定義できない点にある．厳密に定義できないということは，現実には「関連があるかないか」は辞書編纂者や研究者など語義を扱う人の判断に任されるということになる．さらに，この判断は歴史的観点を含めるか，現時点での状況のみを考慮する共時的観点から行うかによって大きく変わる．

たとえば，英語の bank は〈銀行〉と〈(川岸などの)堤〉という異なった意味を表す同音異義語の典型例としてよくとりあげられる．共時的にみると，確かにこれら二つの語義は bank を同音異義語とみなすのに十分なほどかけ離れている．しかし，歴史的に語源に遡ると，〈銀行〉の意の $bank_1$ と〈堤〉の意の $bank_2$ は

〈土盛り／土の斜面〉を意味するゴート語の benc（＞現代英語の bench）を共通の祖先とする同語源の語で，この語は，一方で〈川岸の土盛り〉，すなわち〈（川岸の）堤〉の意で用いられ，他方で〈長いす（long seat）〉や〈作業台（work table）〉といった意味を発展させた．今日の英語では〈長いす〉や〈作業台〉の意は bench が表し，同語源語の bank は〈長いす／作業台〉に由来する〈銀行〉の意で用いられるようになっている．〈長いす／作業台〉から〈銀行〉の意味が派生したのは，12世紀頃のイタリアで（銀行の原型といわれる）両替商が両替のために banca と呼ばれた長い机（台）を使用したことに由来すると考えられている．bank と両替用の長い台（banca）との関わりは現代英語の bankrupt（破産した）という語にもみられる．bankrupt はイタリア語の banca rotta（"broken bank" の意）に由来するが，破産を表すこの概念は支払い不能になった金融商人の店台（bank/bench）を壊すという習慣から生まれたといわれる．このように，現時点では無関係と思われる〈銀行〉と〈堤〉という語義も bank の歴史を遡ると同一語の異なった，しかし関連のある語義であることになり，したがって〈銀行〉と〈堤〉は異なった語の語義ではなく，単一の多義語 bank の異なった語義ということになる．

多義語と同音異義語とを区別する基準の「語義間に関連がある（related）か否か」は，このように語の歴史や語源を考慮すると，なかなか単純には決められない．両者の区別には従来から多くの研究者が関心を寄せてきたが，決定的な区別の基準というものはまだ見いだせないでいる．現在までのところ，多義語と同音異義語の区別については，かなり前に Leech（1981）が次のように述べている経験則（rule of thumb）が，最も実用的な基準ではないかと思われる．

(12) The conventional rule-of-thumb answer to this is that we recognize a case of polysemy if the senses concerned are related. But when we ask what 'related' means, there are two answers, one historical and one psychological, which do not necessarily coincide. Two meanings are *historically* related if they can be traced back to the same source, or if the one meaning can be derived from the other; two meanings are *psychologically* related if present-day users of the language feel intuitively that they are related and, therefore tend to assume that they are 'different uses of the same word'. (Leech 1981: 227)

(12)によると，多義語に認められる関連性には「歴史的」関連性と「心理的」関連性の二種類があり，歴史的関連性とは，二つの語義が同語源に遡ることができるか，一方の語義が他方の語義から派生したものである場合であり，他方，心理的関連性とは，当該言語の現代の使用者が二つの語義が関連していると直観的に感じ，それゆえ，それらが同じ語の異なった用法であると考える傾向がある場合である．この考え方に従うと，ball（ボール｜舞踏会）や bat（バット｜コウモリ）のように，二つの語義の間に歴史的にも心理的にも関連性が認められない例は同音異義語ということになる．

一方，多義語の厄介な問題は，(12)にも述べられているように，歴史的関連性と心理的関連性は必ずしも一致しないことである．上述の bank はその例で，bank はしばしば同音異義語として扱われるが，それは現代英語の使用者が〈銀行〉と〈堤〉という二つの語義の間に関連があるとは感じない，すなわち，心理的に関連性を認めないためである．他方で，上述のように bank の歴史をたどると〈銀行〉と〈堤〉という二つの語義は同じ語源からの派生義で，両義の間には歴史的関連性が認められる．このように，bank の場合は心理的関連性と歴史的関連性が一致せず，同音異義語か多義語かの判断が定まらないことになる．

心理的関連性と歴史的関連性が一致しない例は bank に限らず，日本語にもみられる．たとえば，〈鍵〉と〈鉤〉，〈形木〉と〈気質〉などの対の語義の間には，現代の日本語話者には関連性が感じられないが，語源は同一であると考えられている．現実の世界での鍵と鉤は別物であるので，対応する〈鍵〉と〈鉤〉という語義の間には関連性がないように感じられるが，歴史的には基本義（原義）と派生義という多義語的な関連性が認められる．鉤は物を引っかけるのに使う先の曲がった金属性の器具をいうが，錠の孔にさし入れてこれを開閉するのに用いる鍵の形状が昔は鉤に似ていたところから，鍵を「かぎ」と呼んだものと考えられる（後ほど述べる，多義性を生み出す「メタファー（暗喩）的拡張」の一例であり，〈鍵〉は〈鉤〉の派生義ということになる）．〈形木〉と〈気質〉の場合も，形木は具体物であるのに対し，気質は抽象的性質で，直接的なつながりは感じられないが，〈物の形を彫った板，版木〉の意の「形木」は〈手本，規範，型〉といった比喩的な派生義を持つが，「職人気質」や「昔気質」における「気質」は，歴史的には，この「形木」の比喩的派生義の一種として生まれ，職人や昔の人に〈特有の

性質〉を表すに至ったと考えられる.

　語義の間の心理的関連性と歴史的関連性が一致しない語に関しては, bank のように, 共時的にはその二つの語義の間に心理的に関連性がない(すなわち, 同音異義語である)と感じられる一方で, 歴史的には語源を同じくする多義語であるという例が多いが, 少数ながら特殊な例が存在する. Ullmann (1964: 164) や Leech (1981: 227-228) が指摘している ear, weed などがそういった例である.

(13)　*ear* ('organ of hearing')　　Old English *ēare*
　　　　　　　　　　　　　　　　　(compare Latin *auris*, 'ear')
　　　ear ('head of corn')　　　Old English *ēar*
　　　　　　　　　　　　　　　　　(compare Latin *acus, aceris*, 'husk')
　　　weed ('wild useless plant')　Old English *wēod* 'weed'
　　　weeds ('mourning garments worn by widow')　Old English *wæd* 'garment'

(Leech 1981: 228)

ear, weed は, (13)にみるように, 歴史的には関連のない語義を持つ同音(同つづり)の語(すなわち, 同音異義語)であったが, 現在では(語源が忘れられ)語義間に心理的関連性が感じられ, 多義語と解釈されるようになった例で, bank などのような「共時的には同音異義語, 歴史的には多義語」である例とは逆の性質を持つものである. 英語母語話者には, ear (耳) と ear (穀物の穂), weed (雑草) と weeds (寡婦の喪服) の間に, 形や性質の類似からの連想で, 一方が他方の「メタファー的拡張」と感じられるのであろう.

◆ 1.3　多義語の語義の特徴

1.3.1　語義の自立性

1.2 節では不明確語や同音異義語と多義語を比較し, その相違点を述べた. 不明確語と多義語の相違点は, 両者が持つ意味の曖昧さの違い, すなわち, 前者のそれは不確定性であるのに対し, 後者のそれは両義性であると述べた. 両義性とは<u>語義</u>間の曖昧性であるが, 重要な点は, 語の語義の内容はその語の言語的文脈に含まれる他の語 (句) の語義との間に何らかの意味上の選択関係を持つのに対し, 語義でない情報は他の語 (句) との間にそのような選択関係を持つことがない,

ということである．たとえば，

(14) この地区には学校がたくさんあります．

といった場合の「学校」は教育施設の総称語で，小学校・中学校・高等学校・大学・高等専門学校・盲学校・聾学校・養護学校などさまざまな種類の教育施設を指し示すことができる不明確語である．したがって，この場合の「学校」がどの種類の教育施設を指すかは曖昧であるが，(14)の場合，聞き手がこの曖昧さを解消しなければこの文の意味が理解できないというわけではない．(14)の文意は，学校の種類を問題にするのでなく，一つの地区に存在する他の種類の施設（娯楽施設，スポーツ施設，商業施設など）と対比して，教育施設である学校が多いことを述べるものである．このように，たとえばこの地区が「文教地区」であることを伝える意図で(14)が発話された場合には，「学校」は総称的に〈教育施設〉を表すと解釈されれば十分であり，聞き手が百科事典的知識によって連想する学校の種類は(14)の文意の解釈に関わりを持たない．それゆえ，(14)の「学校」は〈教育施設〉であることのみを表す一義語（monoseme）であり，それに関連する，百科事典的含意である学校の種類は(14)の「学校」の語義ではない．

一方で，「学校」は多義語としての側面を持つ．学校は，概略，「教師が生徒（学生）に教育を行う施設（建物を含む）」といえ，建物（＝校舎），教師，生徒／学生，教育（を行う）という四つの要素を含むと考えられる．「学校」という語には，これらの要素を総合する基本的な語義〈教育施設〉の他に，これらの4要素のそれぞれを表す語義（派生義）が存在する．

(15) a. 彼はその学校で3年間日本語を習った．〈教育施設〉
　　　b. 私が通った学校は3階建てでした．〈建物（＝校舎）〉
　　　c. その生徒のいじめ問題に学校は気がつかなかったらしい．〈教師（集団）〉
　　　d. その学校は全国合唱コンクールで優勝した．〈生徒（集団）〉
　　　e. 人生は学校を終えてからが長い．〈学校教育〉

(15)での「学校」は，その指示対象の五つの異なった側面を表すもので，これら五つの意味は「学校」の語義である．これらを語義とみなす理由は，上の1.2.1項で述べたように，語の語義の内容はその語の言語的文脈に含まれる他の語（句）の語義との間に意味上の選択関係を持つからである．(15a)は「彼が日本語を習った」場所が他の種類の施設ではなく，学校という教育施設であることを表す「学

校」の基本義であり，(15b)の「学校」は「3階建て」という表現との共起関係から〈建物〉でなければならず，(15c)の「学校」は「～は気がつかなかった」という表現との選択関係で，学校運営の責任者である〈教師集団〉でなければならない．また，(15d)では，「優勝する」という述語を伴うところから，主語は学校に関係する人間でなければならないが，「全国合唱コンクールで」という表現に関わる百科事典的知識が働いて「学校」は〈生徒集団〉を表すものと解釈される．(15e)の「学校」は，「人生」や「終える」という表現から，人間の誰もが受ける〈学校教育〉を表すものと解釈される．(15a～e)のいずれの意味も語義であるため，その内容は文脈によって固定しており，たとえば(15b)の文脈では「学校」の解釈は〈建物〉に限られ，〈生徒／教師集団〉や〈学校教育〉と解釈されることはない．

他方，語義でない情報は他の語（句）との間にそのような選択関係を持たない．(15b)の「学校」は，上述のように，場面に応じて小学校，中学校，高等学校，専門学校などの教育施設のいずれとも解釈できるが，語義の場合と異なり，「3階建て」という表現によってその解釈がこれら教育施設のどれか（たとえば，中学校）に限定されることはない．言語的コンテキスト（共起する他の言語表現との選択関係）によって限定される意味（すなわち，語義）とそれによって限定されない総称語（一義語）の百科事典的含意との根本的相違は，意味自体が自立的（autonomous）であるか否かという点である．語義の特性を自立性（autonomy）とみなすのは Croft and Cruse（2004: 112-114）および Cruse（2004: 104-106）であるが，Cruse（2004: 105）は自立性（autonomy）を次のように定義する．

> Basically this (=autonomy) refers to the usability of the word form in one of the senses when the other is explicitly denied, or ruled out by reason of anomaly, or some such.（自立性とは，基本的に，一つの語を一つの意味で用いた場合に，その語の他の意味が明示的に否定されるか，意味上の矛盾ないしはその類いの変則性が生じるために排除される（語の意味の）状況をいう）

この定義での「明示的に否定される」，「意味上の矛盾や変則性が生じるために排除される」とは，換言すると，上述した「共起する他の語句との選択関係を持つ」ということであり，他の語句との選択関係に適合する意味は残るが，適合しない意味は否定ないしは排除されるということである．上述のように，「3階建て」という表現を含む(15b)の文脈では「学校」の意味は〈建物〉に限られ，〈教師集団〉

や〈学校教育〉などの他の意味は排除される．これは〈建物〉，〈生徒／教師集団〉，〈学校教育〉など意味が自立的であるからである．自立的な意味（=語義）同士は排他的であるので，このような排他的な二つの意味（語義）に解釈することが強要される文は意味的な変則性が生じる．

(16) ?その3階建ての<u>学校</u>は全国合唱コンクールで優勝した．

(16)では「学校」は〈建物〉の解釈が要求される一方で，同時に〈生徒集団〉の解釈を要求されるからである．対照的に〈小学校〉，〈中学校〉，〈高等学校〉，〈専門学校〉など，「学校」が百科事典的含意として持つ教育施設の種類は非自立的で，排他的な性質を持たない．したがって，「3階建ての学校」といった場合，「学校」は自立的な語義としては〈建物〉に限定されるが，百科事典的含意としての学校の種類はどれと限定されることはない．「3階建ての学校」という表現の「学校」がどんな種類の学校であっても，表現の解釈が意味上変則的になることはない．

ただし，(15)に示した「学校」の語義に関してはもう少し複雑な問題が存在する．(16)が示しているように，この文脈では〈建物〉と〈生徒集団〉とは排他的である（したがって，(16)は変則的である）が，次の例にみるように，「学校」の派生義〈建物〉と基本義〈教育施設〉との関係は必ずしも排他的ではない（したがって，(17)は変則的ではない）．

(17) 彼はその3階建ての<u>学校</u>で3年間日本語を習った．

[「学校」=〈建物〉であると同時に〈教育施設〉]

このように派生義は，基本義と比較して，語義としての排他性（自立性）が完全でない場合があり，このことについては次章2.1.3項で改めて説明する．

1.3.2 語義の定着性

ところで，多義語の語義は辞書に記載されるのが通常であり，たとえば「席」という語の語義は一般の辞書では次のように語義それぞれが並べて記載される．

(18) せき【席】

① むしろ．しきもの．すわる場所．「—をとる」「—を立つ」「—につく」
② ざしき．会場．「—を設ける」
③ 地位．順位．「社長の—があく」
④ 寄席（よせ）．「昼—」

（『広辞苑』第6版）

ところが，多くの語がそうであるように，「席」という語が臨時に特殊な意味で用いられる場合がある．

(19) (教室で先生が) おい，そこの隅の席，授業中はおしゃべりをしない．

という発話では，「席」は〈席に座っている生徒〉を表すが，この意味は(18)に掲げた「席」の語義に追加すべき語義だろうか．この意味は（不明確語の）百科事典的含意でないことは明らかである．なぜなら，〈席に座っている生徒〉は(18)に示した他の語義とは対立している，すなわち，(19)の発話では，「席」の解釈は(18)の①〜④のいずれでもなく，この意味に限定されるからである．したがって，この点では〈席に座っている生徒〉は語義としての特徴を備えている．

では，この意味は辞書に収録されるべき語義であるかというと，辞書編集者や専門研究者でなくてもこの意味を「席」の語義の一つとして辞書に収録することはためらうであろう．一般的に，辞書に収録される語義は，ある言語の母語話者すべての心的辞書（mental lexicon）内に恒久的に蓄えられ，共有されるという意味で，当該言語において定着した（established）意味でなければならない（cf. Cruse 2004: 107）．(18)の①〜④は「席」という語の日本語における「定着した」意味であり，それゆえ，「席」の語義である．これに対し，(19)の「席」の意味は，語義的性質は持つものの，文脈から臨時的に導き出される解釈で，「席」が文脈を離れても持つと考えられる「定着した」意味とはいえない．このように，語の「定着していない」（non-established）意味は，多義語研究の観点からは，多義語の語義の一つから何らかの意味規則によって導き出される派生義として扱うことが多い（「派生義」に関して詳しくは次節で述べる）．なお，多義語の語義として以下で扱うのは「定着した」語義である．既述のように，同音異義語と多義語が生み出す曖昧性はともに語義に関わる曖昧性であるが，この場合の語義も「定着した」語義のことである．

◆ 1.4 多義語の語義間の関連性

多義語の語義に関してもう一つ重要なことは「語義間の関連性」である．語義間の関連性とは，語義と語義の間に何らかの関連がある（related）というわれわれの認識である（これは 1.2.2 項で説明した「心理的関連性」に当たる）．では，

われわれが語義間に認識する関連性とはどのようなものであろうか．このことを考える前に，多義語と同音異義語の違いに戻ってみよう．bank の〈銀行〉の意と〈堤〉の意の間には，1.2.2 項で述べた歴史的関連性は別にすると，現在では関連性がないと感じられる．これとの対比で，〈銀行〉を原義とする多義語としての bank の語義間の関係をみてみよう．

多義語の語義間の関係はいくつかの捉え方があるが，ここでは最も一般的な「基本義—派生義」という関係で捉えることにしよう．bank（銀行）は「預金の受入れ・資金の貸出し・ローンの貸付け・為替取引などを行うことを業務とする」金融機関で，この機関はこのような業務を行う職員（＝銀行員）と業務が行われる建物から構成される．bank（銀行）の語義には，まず，銀行という〈金融機関〉を表す基本義に加えて，銀行の<u>構成要素</u>である〈職員（＝銀行員）〉と〈建物〉を表す派生義がある．

(20) a. The *bank* is declared insolvent. 〈金融機関（＝銀行）〉　　　(CCDC)
　　　b. Make sure you join the queue inside the *bank*. 〈建物〉　　　(ibid.)
　　　c. The *bank* hotly denies any wrongdoing. 〈職員（＝銀行員）〉　　　(ibid.)

さらに，bank（銀行）にはその構成要素として（金融）機関としての<u>業務／任務</u>を含む．bank は名詞として銀行業務を表すことはないが，名詞から派生した動詞としては〈預金する〉，〈(銀行と) 取引する〉などの銀行業務に関わる意味を表す．

(21) a. Did you *bank* that check? 〈預金する〉　　　(LDOCE)
　　　b. Who do you *bank* with? 〈(銀行と) 取引する〉　　　(ibid.)

金融機関の bank に見られる'機関→構成要素（建物・職員・業務／任務）'という「基本義→派生義」の意味拡張パターンは他の種類の機関または施設（institution）を表す語にも認められる．school（教育施設），hospital（医療施設），church（宗教施設）などはその典型的な例である．

(22) a. My mother is a teacher at the local *school*. 〈機関〉　　　(LDOCE)
　　　b. The new *school* is very elaborate. 〈建物〉　　　(WID)
　　　c. The whole *school* assembled in the hall. 〈生徒および教師〉　　　(MED)
　　　d. They go swimming after *school* on Thursdays. 〈任務（＝授業）〉　　　(ibid.)
(23) a. The *hospital* is desperately short-staffed. 〈機関〉　　　(CCDC)
　　　b. It is on the fifth floor of the *hospital*. 〈建物〉　　　(ibid.)

c. Did the *hospital* check her for drugs, by the way?' 'I don't think so.'　〈職員〉
　　　　　　　　　　　　　　　　　　　　　　　　　　　　　　　　　　　　　(ibid.)
　　　d. He was in dire need of *hospital* treatment.　〈業務（＝病院での治療）〉(ibid.)
(24) a. He served the *church* for over sixty years.　〈施設（＝教会）〉　　(OALD)
　　　b. The procession moved into the *church*.　〈建物〉　　　　　　　　　(ibid.)
　　　c. The early *Church* believed miracles were proof of who Jesus was.　〈僧侶
　　　　（全体）〉　　　　　　　　　　　　　　　　　　　　　　　　　　(ibid.)
　　　d. How often do you go to *church*?　〈任務（＝礼拝）〉　　　　　　　(ibid.)

　また，"機関／施設"（を表す）名詞の場合は，言語を超えて，日本語においても'全体（機関）→構成要素（建物・職員・業務／任務）'という派生のパターンが認められる．「学校」はすでに掲げた(15)の例にみる通りであり，bank に対する「銀行」や hospital に対する「病院」の場合も，次に示す(23), (24)の例の日本語訳にみるとおりである．

(25) a. その銀行は破産したことが公表された．〈機関〉
　　　b. 銀行の中では必ず列に加わること．〈建物〉
　　　c. 銀行は犯罪は一切行っていないと激しく主張した．〈職員（＝銀行員）〉
(26) a. その病院は深刻な職員不足である．〈機関〉
　　　b. それは病院の 5 階にある．〈建物〉
　　　c. 「ときに，病院は彼女の薬物検査をやったのか？」「そうは思わない」〈職員〉
　　　d. 彼は病院での治療が是非とも必要であった．〈業務（＝病院しか施せない高度
　　　　な治療）〉

　上でみた"機関／施設"名詞における「機関／施設とその構成要素」という関係は基本義と派生義の関係の典型の一つと思われるが，他にも派生義が，基本義が表す事物や事象の構成要素のように，基本義と密接に関係する概念を表すことは少なくない．たとえば，〈容器〉を基本義とする多義語の多くは派生義としてその容器に入る中身の量を表す．

(27) a. Sergio had brought a *bottle* of wine.　〈一瓶の量〉　　　　　　　(LDOCE)
　　　b. She poured a *glass* of wine.　〈グラス一杯の量〉　　　　　　　　(ibid.)
　　　c. Two *mugs* of tea, please.　〈マグ一杯の量〉　　　　　　　　　　(ibid.)
　　　d. Let's go and have a *cup* of tea.　〈カップ一杯の量〉　　　　　　(ibid.)

　ちなみに，「容器‐容器一杯の量」という基本義と派生義間の関係を示す多義語は英語ほど多くはないが日本語にも存在する．たとえば，(27)の〈　　〉内に用い

た「瓶」や「杯」は英語の bottle や cup に当たる"容器"名詞で，これらの名詞も〈容器一杯の量〉を表す語義を持つ．

(28) a. 昨夜はワインを一瓶空けてしまった．
　　 b. この料理には隠し味として砂糖を小さじ一杯付け加えます．

以上に観察した"機関／施設"名詞や"容器"名詞の「構成要素（＝建物・職員・業務）」や「（容器一杯の）量」への意味拡張には二つの特徴が認められる．

(29) i. 基本義と派生義が表す指示対象が，実世界で「全体とその構成要素」のような必然的な繋がりを持つ．［この指示対象間の必然的な繋がりを以下では「指示関係性」と呼ぶことにする］
　　 ii. 同じ基本義・派生義間の関係が同類の複数の語にまたがって，また通言語的に，認められる．［規則性］（規則性は次章 2.1.4 項で詳しく扱う）

一方で，一般に多義語には，(29)にまとめた，基本義が表す指示対象と必然的な繋がりを持つ指示対象を表す指示関係性と規則性を備えた派生義以外に，基本義のメタファー的拡張とみなすことができる派生義が存在する．*The American Heritage Dictionary*（5th Edition，略号 AHD）での bank の定義をみてみよう（［　］内の記述は筆者）．

(30) bank *n.*
　　 1. a. A business establishment in which money is kept for saving or commercial purposes or is invested, supplied for loans, or exchanged.　［銀行］
　　　　b. The offices or building in which such an establishment is located.　［銀行の建物］
　　 2. *Games*
　　　　a. The funds of a gambling establishment.　［（賭博開帳の）用意金］
　　　　b. The funds held by a dealer or banker in certain games, especially gambling games.　［（特に賭場の）胴元／親の用意金］
　　　　c. The reserve pieces, cards, chips, or play money in some games, such as poker, from which the players may draw.　［（ゲームで使う）カード／チップ／おもちゃの金］
　　 3. a. A supply or stock for future or emergency use: *a grain bank*.　［〜銀行，〜バンク］
　　　　b. *Medicine* A supply of human fluids or tissues, such as blood, sperm, or skin, that is stored in a facility for future use.　［（医療に関するものの）貯

蔵と供給]

    4. A place of safekeeping or storage: *a computer's memory bank.*　[貯蔵(保管)場所]

(30)1a, b の〈銀行〉と〈銀行の建物〉の意は既述の指示関係的，規則的語義であるのに対し，(30)の 2a, b, c, 3a, b および 4 は，「資金を蓄え，それを貸し出す」という銀行の「業務」に関わる概念を金融とは異なった他の領域（ゲーム，医療など）へ転用したメタファー的な意味である．具体的には，2a, 2b, 2c は〈貸し出しのための資金〉という概念のゲーム・賭博へのメタファー的転用であり，3a, 3b, および 4 は〈貸し出しのための資金の貯蓄（場所）〉という概念を医療その他の領域に転用したメタファー的語義である．

  このように bank のメタファー的転用によって発生する基本義・派生義間の関係は，(30)1a, b にみる指示関係的で規則的である基本義・派生義間の関連性とは対照的に，非指示関係的で不規則的である．bank（銀行）という基本義とそのメタファー的転用である grain bank（穀物銀行）や blood bank（血液銀行）の bank（〜の貯蓄場所）という派生義の間の関係は，その指示対象の間にまったく関連性がなく，非指示関係的である．また，「〜を蓄える場所」という派生義が持つ意味拡張は，bank 固有のもので，同じ"機関"名詞である school や hospital の派生義には認められない．したがって，メタファー的転用は不規則的である．

  ところで bank の例でみた指示関係的，規則的な意味拡張に"建物"，"職員（銀行員）"といった種類があるように，メタファー的意味拡張にも種類がある．メタファーの発生の源は，よく知られているように，類似性であるが，一般的には基本義が表す事物（または事象，組織）の形状，位置，機能との類似性がメタファー的派生義を生み出す．bank の場合は，「資金を蓄積し，それを供給（融資）する機関」という銀行の機能を構成する「資金」，「資金の供給機関（場所）」，「資金の蓄積場所」といった特性が，それと類似する特性を持つ別の領域の事物や組織に転用されてメタファー的派生義を生み出す（⇒はメタファー的派生義を生み出すことを表すものとする）．

  (31) i.「資金」⇒ゲームや賭博の〈用意金〉，〈カード／チップ／おもちゃの金〉［=(30)2a〜c］
     ii.「資金の供給機関（場所）」⇒医療用品その他の貯蔵または供給（場所）［=

(30) 3a, b]
iii.「資金の蓄積場所」⇒何かの貯蔵（保管）場所［＝ (30) 4］

以上に見てきたことをまとめると，基本義と派生義の間の関連性は，大別して，次の二つの種類に分類できる．

1) 指示関係的・規則的——派生義が基本義と<u>指示的な繋がりのあるもの</u>，すなわち，基本義の指示対象を構成する（またはそれと密接に関係する）要素を表し，また，関係する基本義→派生義の意味拡張のパターンが他の複数の語においても認められるという<u>規則性</u>を持つ．
2) 非指示関係的・不規則的——派生義が基本義の指示対象の持つ特性（属性）のメタファー的意味拡張であり，この意味拡張で生まれた派生義は基本義が表すものとは<u>指示的な繋がりがなく</u>［非指示関係的］，また同種の意味拡張が他の語には認められない［不規則的］

なお，基本義・派生義間の関連性が1) の指示関係的で規則的である多義性は規則的多義性（regular polysemy）または体系的多義性（systematic polysemy），また，基本義・派生義間の関連性が2) のメタファー的意味拡張によって生じる非指示関係的で不規則的な多義性は不規則的多義性（irregular polysemy）または非体系的多義性（non-systematic polysemy）と呼ばれる（cf. Apresjan 1974, Cruse 1986, 2004, Pustejovsky 1995, Nunberg 1996）．これらの種類についての詳しい解説は次章で行う．

🔍 より深く勉強したい人のために

- Lyons, John (1977) *Semantics* 2, §13.4, Cambridge: Cambridge University Press.

    この書は2巻から成る大冊の意味論解説書であるが，13章4節で同音異義性（homonymy）と多義性（polysemy）の違いを詳しく解説している．同音異義性と多義性を区別する基準として，本文でも述べた「語源的情報」や「意味の関連性」があることを指摘し，これらの基準の問題点や代案となる考え方を詳しく述べている．

- Murphy, M. Lynne (2010) *Lexical Meaning*, Chapter 5, Cambridge: Cambridge University Press.

    この書の第5章は語の意味の3種の曖昧性，多義性，同音異義性，不明確性を扱い，対照テスト（contrast test），くびき語法テスト（zeugma test）などのテストを用いて，3者の相違をわかりやすく解説する．章の後半では語の曖昧性を生み出す通時的

な意味変化の要因や多義性を扱う最近の意味理論についても触れている.
- Cruse, A.(2004). *Meaning in language*(2nd Edition), Chapter 6, Oxford: Oxford University Press.

　この書の第6章は語の意味とコンテキストの関係を扱い，コンテキストが語の意味にどのような影響を与えるかを解説する．語の意味に作用するコンテキストの働きは1) 選択 (selection), 2) 強制 (coercion), 3) 調整 (modulation) の3種類があり, 1) はコンテキストに適合する語義の選択させる作用を, 2) はコンテキストに適合するよう語義を拡張（変化）させる作用を, 3) はコンテキストに適合するよう語義を微調整する作用をいう．第6章ではこれらの作用に基づいて多義性に関わるさまざまな問題が説明される．

📖 文 献

Apresjan, Ju. D. (1974) "Regular Polysemy," *Linguistics*, 142: 5-32.
Croft, William and Alan Cruse (2004) *Cognitive Linguistics*, Cambridge: Cambridge University Press.
Cruse, Alan (1986) *Lexical Semantics*, Cambridge: Cambridge University Press.
Cruse, Alan (2004). *Meaning in language* (2nd Edition), Oxford: Oxford University Press.
Leech, Geoffrey (1981) *Semantics* (2nd Edition), Harmondsworth: Penguin Books.
Lyons, John (1977) *Semantics* 2, Cambridge: Cambridge University Press.
Murphy, M. Lynne (2010)*Lexical Meaning*, Cambridge: Cambridge University Press.
Pustejovsky, James. (1995). *The Generative Lexicon*, Cambridge, U.S.A.: MIT Press.
Nunberg, Geoffrey (1996), "Transfers of Meaning," in James Pustejovsky and Bran Boguraev (eds.), *Lexical Semantics, the Problem of Polysemy*, Oxford: Clarendon Press, 109-132.
Ullmann, Stephen (1964) *Semantics: An Introduction to the Science of Meaning*, Oxford: Basil Blackwell.

利用辞書
新村出（編）『広辞苑』（第6版），東京：岩波書店，2008.
AHD = *The American Heritage Dictionary* (5th Edition), 2011.
CCDC = *Collins COBUILD Dictionary on CD-ROM*, 2006
LDOCE = *Longman Dictionary of Contemporary English* (5th Edition), 2009.
MED = *Macmillan English Dictionary* (2nd Edition), 2007.
OALD = *Oxford Advanced Learner's Dictionary* (9th Edition), 2015.
WID = *Webster's Third New International Dictionary, Unabridged*, 2000

第2章　多義性とコンテキスト

中野 弘三

◆ 2.1　語の意味とコンテキスト

2.1.1　活性領域

　本章では，語の多義性をコンテキストの観点から考察する．語の意味をその指示対象の集合（＝外延）に共通する属性の総体（＝内包）とみなす伝統的な考え方では，語の意味とコンテキストは直接関わりを持つものではなかった．これに対し，認知言語学の出現以来，語の意味の形成にコンテキストが深く関わることが明らかにされてきた．特に多義性の発生にコンテキストが重要な役割を果たすことが関係する文献でしばしば指摘されている．

　実際，語はさまざまなコンテキストのなかで用いられ，その際にはコンテキストに応じてさまざまに解釈される．もちろん，一つの語の解釈であるので，コンテキストから生じるさまざまな解釈は語の基本義（原義）に何らかの関わりがある解釈に限定されることはいうまでもない．したがって，コンテキストに応じて生じる語のさまざまな解釈は語の基本義の「文脈的変種」(contextual variant) であるということができる（なお，本章では基本義自体も文脈的変種の一つと考える）．では，このような文脈的変種がなぜ生じるかというと，語が何らかの事態（出来事，状態）を表すコンテキストの中で用いられると，その事態に直接にそして決定的に関わるのは，語が表す指示対象全体より，その指示対象の部分であることが多いためである．たとえば，trumpet という語を

(1) I bought a *trumpet* last month.

という文脈で用いた場合，trumpet の指示対象であるトランペット全体を一個の商品として購入したことになるが，次の文脈での trumpet はトランペット全体で

はなく，トランペットの一部を成す音や形状を表すものと解釈される．

(2) a. I heard a *trumpet*. 〈トランペットの音〉
　　b. I found a flower shaped like a *trumpet*. 〈トランペットの形〉

これは(2a)の hear が表す「音を聞く」，(2b)の shaped like が表す「～の形をしている」という事態と直接的，決定的な関わりを持つのは，トランペット全体ではなく，トランペットの一部である音や形状だからであるからである．

(1)や(2)の trumpet の例にみるような，コンテキストが語の意味に文脈的変種が生じさせる現象の重要なポイントは，コンテキストが語の指示対象の一部分(全体の場合もある)を際立たせる作用を持つことである．その際の際立たされる部分とは，語の指示対象において（コンテキストが表す）事態と直接的，決定的に関わる部分である．この部分はコンテキストと語の意味の結びつきによって活性化（際立た）される部分であるところから，認知言語学では，Langacher (1987: 271-274) の用語を用いて活性化される部分を活性領域（active zone）と呼ぶ．活性領域は Langacker (2009: 42) では次のように定義される．

(3) An entity's active zone, with respect to a profiled relationship, is defined as that facet of it which most directly and crucially participates in that relationship. （言語によって表現されたモノとモノの関係（＝事態）におけるモノの活性領域とは，当のモノの，その関係に最も直接的かつ決定的に関わる側面である）

(2)の例においてはトランペットの音や形状，(1)の例ではトランペット全体が活性領域となっている．

名詞の trumpet は上の定義の「モノ」(entity) に当たるが，二つのモノ（または現象）の「関係」(relationship) やモノの「特性」(property) を表す形容詞にも活性領域が認められる．たとえば，safe は「モノ」と「危害」(現象) の関係を表す〈あるモノが危害に関わる恐れがない〉という意味を基本義とする．語源的には safe は〈（ある人物が）危害を受けていない〉(unharmed, uninjured) という具体的な状況を表す語であったが，後に基本義である〈あるモノが危害に関わらない（その恐れがない）〉という一般的状況／性質を表すに至っている．

(4) a. Your child is *safe*.
　　b. This medicine is *safe*.
　　c. This beach is *safe*.
　　d. The subject／The investment is not *safe*.

「モノ」を表す名詞の場合は，上でみたように，活性領域はその指示対象の部分（場合によって全体）であったが，safe のような「関係」を表す語の場合は，「関係」を成す二つの要素，すなわち「モノ」ないしは「危害の源」が活性領域となる．なお，形容詞は「関係」や「特性」を表すので，活性領域は，(3)の「モノ」に関する定義に照らして考えると，「関係」を成す二つの要素や「特性」を持つ要素が活性領域となると考えられる．(4)でいえば，主語として現れる要素が活性領域で，コンテキストによって主語の指示対象が人，事物，場所などさまざまに解釈され，それに応じて safe のさまざまな解釈が生じる．(4a)では主語の your child は通常危害を受けやすい存在とみなされるので，「危害との関わり」でいうとそれを被りやすいと受け取られ，したがって，safe は〈危害を受ける恐れがない〉と解釈される．他方，(4b)では主語が薬であり，「危害との関わり」においてはそれを被るのではなく，それを与えるものとしか考えられないので，safe の解釈は〈危害を与える恐れがない〉となる．(4c)のように主語が〈海水浴場〉という場所を表す名詞の場合は，通常，場所自体が危害の源で〈危害を与える恐れがない〉と解釈されることはなく，(4c)は〈当の場所（海辺）にいる人は危害を受ける恐れがない〉と解釈される．主語が「話題」(subject)や「投資」(investment)という抽象物である(4d)では，主語は危害を与える側のものと解釈されるものの，その危害は（物理的でなく）心理的／金銭的なものとなり，safe は当の話題が〈人に心理的な害すなわち，動揺を与える恐れがない〉また当の投資が〈人に金銭的な損害を与える恐れがない〉という解釈となる．

　(4)の各文にみられる safe の解釈の文脈的変種は，〈あるモノが危害に関わらない（その恐れがない）〉という基本義から活性領域である「あるモノ」が人，事物，場所などの種類のいずれであるかに応じて生じる変種である．一方，safe に関しては上述のように「危害の源」が活性領域となる場合がある．(4)にみる safe を含む文の発話は，しばしば話し手が聞き手を安心させようとして発するもので，この場合の聞き手は「危害の源」に強い関心があるのが普通である．このようなコンテキストでは，たとえば(4c)の発話を聞いた聞き手は，単に〈この海水浴場では危害を受ける恐れがない〉という基本義だけでなく，自分がその場で持つ関心の対象に応じて〈波が静かで，波にさらわれることがない〉，〈鮫に襲われることがない〉，〈監視体制が行き届いていて犯罪に巻き込まれることがない〉など，

「危害」の種類を伝えていると解釈する．ここで問題となるのは，これらの「危害」の種類を伝える意味が，上でみた「モノ」の種類から生じる文脈的変種と同じ性質の変種であるか否かである．この問題はコンテキストの作用で生じる語の意味の文脈的変種に種類があるかどうかの問題であるので，項を改めて扱うことにする．

2.1.2 意味の文脈的変種の種類

前項で述べた語の意味の文脈的変種についてもう少し詳しくみてみよう．safe の場合は〈あるモノが危害に関わる恐れがない〉を基本義とするが，コンテキストの中では「モノ」または「危害」を活性領域として文脈的変種が生じる．活性領域がモノである場合には，(4)の例にみるように，モノが人，物，場所，抽象物であるかに応じて，safe は

(5) a. 〜は危害を受ける恐れがない
b. 〜は危害を与える恐れがない
c. 〜にいるモノは危害を受ける恐れがない
d. 〜は心理的／金銭的な害を与える恐れがない

という文脈的変種を持つ．これらの文脈的変種を前章1.3.1項で述べた「自立性」という観点からみると，(5a-d)の変種は自立的，排他的である．これらの変種は，人，物，場所，抽象物という，モノの本質に由来するものであるので，一つのモノが「人でかつ抽象物である」ことはあり得ないように，相互に排他的で，自立的である．たとえば，(4b)の safe は(5b)と解釈され，(5)の他の変種と解釈されることはない．もちろん，薬が投資の対象となっているコンテキストにおいては(4b)の safe の解釈が(5d)となるであろうが，その場合は this medicine がコンテキストの作用で〈この薬への投資〉と再解釈されることになる．しかし，this medicine が再解釈された場合は，今度は(4b)の safe の解釈が(5d)に限定されることになるので，このことが(5)の文脈的変種が自立的／排他的であるという議論を損なうことはない．

(5)に示した safe の文脈的変種が自立的／排他的であるということは，それらが「語義」であることを意味している．そのことの証明は，safe の語義についての *Macmillan English Dictionary for Advanced Learners* (2nd Edition)（以下，

MED）の次のような記載にみられる．

(6) 1 [never before noun] protected from being hurt, damaged, lost, stolen etc.
    1a used about places and situations where you are protected from danger
    2 not likely to cause damage, injury, or harm
    3 not damaged, hurt, or lost
    4 something that is safe does not involve a lot of risk
    5 not likely to upset people or to cause disagreement

(5a)と(5c)の変種は，それぞれ，(6)1と(6)1aの語義に相当し，(5b)は(6)2の語義に相当する．(5d)の「投資」に関する変種は(6)4の語義に，(5d)の「話題」に関する変種は(6)5の語義に相当する．なお，(6)3の語義はEveryone arrived *safe and sound*.（みんな無事に到着した）における熟語表現にみられるsafeの語義である．

　活性領域が「モノ」である場合のsafeの文脈的変種はこのように語義と認められるが，活性領域が「危害」である場合の文脈的変種はどうであろうか．たとえば，(4c) This beach is *safe*. のsafeの活性領域が「危害」である場合の解釈が，既述のように

(7) a.（波が静かで）波にさらわれることがない
    b. 鮫に襲われることがない
    c.（監視体制が行き届いていて）犯罪に巻き込まれることがない
    d. …

であるとしよう．なお，(4c)の危害に関する解釈は(7a, b, c)以外にも〈水質が良いので泳いでも健康被害の心配がない〉などといった解釈がいくつも考えられる．(5)の文脈的変種は語義とみなせるが，(7)の文脈的変種は語義といえるであろうか．(7)の変種は，(5)のそれと異なり，自立的で互いに排他的であるとはみなしがたい．「モノ」の視点からみた(4c)の解釈は(5c)に限られ，他の解釈（文脈的変種）は排除される．注目すべきは，この解釈の限定および排除は場面的コンテキストとは無関係に生じることである．つまり，(4c) This beach is *safe*. という文が正常に（場違いでなく）発話される文脈である限り，どのような場面で発話されても(4c)の発話の解釈は(5c)となり，(5)の他の意味に解釈されることはない．一方，(7)の文脈的変種は場面的コンテキストの作用によって生じるので，言語的コンテキスト（すなわち，語を取り巻く語句の意味）に応じて生じる(5)の文脈的変

種とは対照的である．(7)は(4c)が発話された場面で話し手と聞き手がどのような種類の危害に関心を持つかによって生じる文脈的変種である．したがって，(4c)の発話の解釈は，聞き手が複数いる場合には，関心を持つ危害の種類に応じて変わり得るので，(7)の変種のどれかに限定されない．(4c)の発話は聞く人の危害への関心によって〈(波が静かで) 波にさらわれることがない〉とも〈鮫に襲われることがない〉とも解釈される．ということは，(4c)の発話の解釈としては(7)の文脈的変種はいずれも排他的でないということであり，それゆえ(7)の変種は語義とはいえないということである．語義である(5)の文脈的変種の場合は互いに排他的で，既述のように，聞き手の関心とは無関係に，(4c)の safe の解釈は(5c)に限定されることに注目されたい．

なお，(1)と(2)に掲げた trumpet の文脈的変種はどうかというと，〈トランペット〉，〈トランペットの音〉，〈トランペットの形〉はいずれも語義といえる．これらの文脈的変種は互いに排他的で，次の文脈では trumpet の解釈として〈トランペットの形〉が選ばれるが，他の変種は排除される．

(8) PLUS every order will also get a FREE red and white *trumpet* begonia.

(CCDC)

(さらに，ご注文された方はどなたも無料で赤と白のラッパ形ベゴニアがもらえます)

以上，コンテキストとの関わりで生じる語の意味の活性領域から導き出される文脈的変種には，語義であるものとそうでないものがあり，さらに，この文脈的変種が語義であるか否かの区別の背後には言語的コンテキストと場面的コンテキストの区別があることをみてきた．次項では語義である文脈的変種と語義でない文脈的変種の違いについてさらに詳しく検討してみよう．

2.1.3 語義，下位語義，ファセット

前項では文脈的変種には語義であるものと語義でないものがあると述べたが，この区別についてもう少し深く検討してみよう．前項では，語の意味の文脈的変種は，活性領域という語の基本義とコンテキストの「接触面」を介して，基本義とコンテキストの相互作用から生じるものであることを述べた．文脈的変種が語義であるか否かの区別にはコンテキストの種類が重要な要因として関わってくる

ので，ここで整理しておこう．語義としての文脈的変種を生み出すコンテキストをこれまで「言語的コンテキスト」と呼んできたが，これには「談話的コンテキスト」という概念も含まれ，誤解を生じるので，修正を必要とする．たとえばbottle には〈瓶〉,〈一瓶の量〉,〈哺乳瓶〉,〈大量の飲酒〉といった語義があり，これらの語義は

(9) a. He took the *bottle* from her hands and finished it off in one long swallow. 〈瓶（そのもの）〉　　(CCDC)
b. It was not unusual for him, unaided, to drink two *bottles* of wine in as many hours. 〈一瓶の量〉　　(ibid.)
c. Give the baby her *bottle* when she wakes up. 〈哺乳瓶〉　　(CALD)
d. Peter let the *bottle* ruin his life. 〈大量の飲酒〉　　(LDOCE)

といった言語的コンテキストにおいて文脈的変種として生じる．bottle（瓶）は容器の一種であるので，「容器」,「中身」,「容量」といった側面が活性領域となる．(9a)の take 〜 from her hands というコンテキストでは "〜" の部分に現れる要素は「物体」であることが要求されるので，bottle は物体としての側面，つまり容器である〈瓶〉と解釈される．(9b)の two 〜s of wine というコンテキストにおいては "〜" の部分は「容量」であることが要求されるので，bottle は〈一瓶の量〉と解釈される．Give the baby her 〜（赤ちゃんに彼女のための〜をあげなさい）というコンテキストでは bottle の解釈は特別な種類の「瓶（容器）」,つまり〈哺乳瓶〉となる．(9d)の〜 ruin his life というコンテキストでは，文字通りの解釈は〈瓶が人の一生を台無しにする〉という変則的な解釈となるので，聞き手は bottle をその「中身」に関わるメタファーと捉え，瓶の「中身」として一般的な「酒」を表すものと解釈する．そのため，(9d)の bottle は人が身を滅ぼすほどの〈大量の飲酒〉という解釈を生む．ここで注意すべきは，(9)に示した文脈的変種（＝語義）を生み出すコンテキストは bottle の前後に現れ，しかも（前章 1.3.1 項で述べた）この語と<u>選択関係にある語</u>（句）であることである．たとえば(9a)では bottle のコンテキストを成す take 〜 from her hands という表現は bottle と選択関係にあるため，この表現が課する共起制限によって bottle の解釈は「物体」としての〈瓶（そのもの）〉となる．一つの語に対するこの種のコンテキストはその語と同じ「文」内に含まれ，その語と選択関係にある語（句）によって形

成されるものであるので，これを，Evans and Green（2006: 353-355）の用語を借りて，文コンテキスト（sentential context）と呼ぶことにする．

この文コンテキストと同じく「言語的コンテクスト」と呼び得るものには上で触れた談話的コンテキストも含まれるが，この働きは文コンテキストとは異なる．次の(10)において bottle の［シャンプーの瓶］，［酒の瓶］という解釈を生み出すのは tip ~ upside down, ~ scattered across the carpet という文コンテキストではなく，これらの文コンテキストに後続する文中で述べられている事態との関係，すなわち，談話的コンテキストの作用である．

(10) a. Tip the *bottle* upside down, pour enough shampoo onto your loofah, let go of the *bottle* and it will automatically swing back to up right position.
　　　［シャンプーの瓶］　　　　　　　　　　　　　　　　　　　　　(CCDC)
　　b. It was obvious from the empty *bottles* scattered across the carpet that they'd also been drinking.　［酒の瓶］　　　　　　　　　　　　　　　(CCDC)

語の基本義と文コンテキストの相互作用から生じる文脈的変種は語義であるのに対し，基本義と談話的コンテキストから生じる文脈的変種は，(10)の bottle の例にみるように，bottle の語義ではない．(10a, b)の談話的コンテキストでは bottle の活性領域は「中身」で，その種類（シャンプー，酒など）が bottle の中心的意味として伝達される．bottle の場合，「容量」はその語義であるが，［シャンプーの瓶］や［酒の瓶］のように「中身」によって分類される瓶の種類は bottle の語義に含まれない．これらは特定の談話的コンテキストからのみ割り出される．完全に<u>使用の場依存的な変種</u>である．なお，(9d)の〈大量の飲酒〉は語義でありながら，瓶の「中身」を表しているが，この意味はメトニミーによって生まれた比喩的意味で，実際に存在する酒を入れた瓶を表すものではない．ところで，(10)に示した談話的コンテキストから生じる bottle の意味の変種は，語義でなく<u>使用の場依存的な変種</u>である点で，前項の(7)に示した場面的コンテキストから生じる safe の文脈的変種と同じである．談話的コンテキストと場面的コンテキストは，このように，語の意味に対して同種の作用を及ぼすので，以下では，両者を併せて Evans and Green (2006: 353-354) の用語を借りて使用の場コンテキスト（usage context）と呼ぶことにする．

語の基本義と使用の場コンテキストの相互作用によって生じる文脈的変種は，

実は第1章で述べた不明確性に関係する（前章1.2.1項参照）．dog には bulldog, Chihuahua, collie などの下位類があり，たとえば，

(11) They have a <u>dog</u>.

という発話の dog はどの種類の犬も指示し得るが，実際にどの種類の犬を指すかが曖昧であり，このような曖昧性を不明確性という．この場合の曖昧性は dog という上位語が犬の下位類のどれを指すか不明確であるという<u>分類（taxonomy）上</u>の曖昧性であるが，全体とその部分に関係する曖昧性もある．たとえば，

(12) He kicked the dog.

という発話では，主語の人間が蹴ったのは犬の身体（全体）のどの部分であるのかは曖昧であり，このような<u>全体と部分</u>に関係する不明確性もある．このように，総称用法の dog のような不明確語には分類的側面と全体・部分的側面があり，前者からは分類的曖昧性，後者からは全体・部分的曖昧性が生じる．

このような分類的ないしは全体・部分的曖昧性を内包する不明確語も，使用の場コンテキストの作用で活性領域が生じた場合，曖昧性が解消される．たとえば，

(13) They have a big *dog* with long thick hair, which they are now training to help control sheep on their farm.

といった使用の場（談話的）コンテキストでは，言及されている犬が牧羊犬（特に collie）という犬の下位類であることが聞き手（読み手）にわかる．(10)でみた瓶の下位類（シャンプーの瓶，酒の瓶）の例も，総称用法の bottle の分類的曖昧性が使用の場コンテキストの作用で解消された結果である．(4c) This beach is *safe*. の safe の活性領域が「危害」である場合の解釈(7)も，safe が表す危害の種類が持つ分類的側面が生み出す文脈的変種である．なお，dog や bottle のような不明確語の解釈が使用の場コンテキストの作用で，(13)や(10)におけるように，下位類の意味（〈牧羊犬／コリー〉，〈シャンプーの瓶〉，〈酒の瓶〉）となる場合，その下位類的意味を下位語義（sub-sense または micro-sense）と呼ぶことがある (Cruse 2004: 117, Cruse 2006: 18, Evans and Green 2007: 205)．

下位語義を含め，使用の場コンテキストの作用によって生み出される文脈的変種はいずれも語義には達しない「語義未満」の意味である．一方で，語義とこの語義未満の間に「準語義」とでもいうべき中間の意味が存在し，以下に述べるように，この準語義は多義性の問題を扱ううえで非常に重要な性質の語義である．

2.1 語の意味とコンテキスト

準語義とみなされるものは何らかの特性を共有する事物や現象を表す語群に見いだされる．たとえば，「読み物（すなわち，読むためのもの）」という特性を共有する book, newspaper, magazine, dictionary などはこの特性の［読む内容を印刷したページを束ねた<u>人工物</u>］，「読む<u>内容</u>］（以下，［人工物］［内容］と略する）という二つの側面を共通に持つ．そのため，これらの側面のそれぞれが文コンテキストに応じて活性領域となり，次のような「読み物」語群に共通する文脈的変種を生み出す．なお，この場合，(14a) にみるように［人工物］と［内容］の両方を含んだ「読み物」総体が活性領域として働き，文脈的変種を生み出すこともある．

(14) a. This library owns many rare *books / newspapers / magazines / dictionaries*.
　　　　［総体としての本／新聞／雑誌／辞書］
　　　b. He put the *book / newspaper / magazine / dictionary* on his desk. ［人工物］
　　　c. This *book / newspaper / magazine / dictionary* is very useful. ［内容］

「機関／施設」(institution) という特性を共有する bank, school, hospital, church なども「機関／施設」の四つの側面，［機関／施設の総体］，［建物］，［職員／構成員］，［業務／任務］を共有することは，前章 1.4 節の(20)～(24)に掲げた例で示した．第 1 章(22)の school の例を再度掲げる．

(15) a. My mother is a teacher at the local *school*.　　〈機関〉　　　　　(LDOCE)
　　　b. The new *school* is very elaborate.　　　　　　〈建物〉　　　　　(WID)
　　　c. The whole *school* assembled in the hall.　　　〈生徒および教師〉 (MED)
　　　d. They go swimming after *school* on Thursdays. 〈任務（＝授業）〉　(ibid.)

ある語群に属する語が共有するこのような側面は，(14)や(15)にみるように，文コンテキストとの相互作用で<u>語義として</u>文脈的変種を生み出す点，およびそれゆえ前章でふれた「規則的多義性」を生み出す点において，多義性の研究上非常に注目されている．問題の側面は最近の多義性研究では Cruse (1995, 2004) の用語を用いて「ファセット」(facet) と呼ばれる．以下ではこのファセットを表す表現を"内容"，"人工物"，"建物"のようにダブルコーテーションで示すことにする．

2.1.4 ファセットと規則的多義性

前項で述べたように，ファセットに関わる文脈的変種は語の基本義と文コンテキストの相互作用によって生まれるもので，語義（派生義）である．The *book* is very interesting. と That *book* is really heavy. という文において，前の文の book が"内容"に関わる〈本の内容〉を表し，後の文のそれが"人工物"に関わる〈本という人工物〉を表すのは，interesting と heavy という，文中の形容詞との選択関係（共起関係）によるので，これらの意味は語義である．一方，ある特性を共有する語群（「読み物」語群や「機関」語群など）に属する語すべてが"人工物－内容"，"建物－職員（構成員）－業務（任務）"というようなファセットのセットを共有するので，このようなセットは規則的多義性を生み出す．

前項でみた「読み物」タイプと「機関」タイプの二つは，Paradis (2004: 258) も指摘しているように，ファセットを含む語群の主要なタイプである（なお，Paradis (2004) は代表的な語を用いて前者を "*book* type"，後者を "*court* type" と呼ぶ）が，ファセット（のセット）を共有する語はこれら二つのタイプ以外にも種々存在する．「国名」を表す語はその例であるが，この種の語は基本義として〈国家〉という組織を表すが，国家が存在する"場所"や国家を代表する人々の集団である"代表"というファセットを持つ．

(16) a. *England* starts a tax reform. 〈国家〉
  b. *England* is far from Japan. "場所"
  c. *England* lost in semi-final. "代表"

また，建物の開口部を表す window や door なども，〈窓〉，〈扉〉という開口部全体を表す基本義の他に，ファセットとして"開閉部"や"（窓／扉の）素材"を表す．

(17) a. John crawled through the *window*. 〈窓〉
  b. The *window* is closed. "開閉部"
  c. The *window* is made of security glass. "素材"
(18) a. Mary walked through the *door*. 〈扉〉
  b. The *door* was open. "開閉部"
  c. Bill painted the *door*. "素材"

さらに，動物を表す語がしばしばその肉を表すのに用いられる場合のように，基本義とファセットから生じる派生義が対になっている事例を含めると，ファセッ

トに由来する規則的多義性はかなり広範囲の語に認められる．

(19) a. 動物—"肉"：The *chicken* ran away. / The *chicken* was delicious.
  b. 容器—"中身"：She put the *kettle* on the gas stove. / She boiled the *kettle*.
  c. 植物—"果実"：Mary watered the *fig* in the garden. / Mary ate the *fig*.
  d. 首都名—"政府"：*Washington* is the capital city of the US. / *Washington* is expected to resist pressure to lift trade sanction on Myanmar. (LDOCE)
  e. 生産者—"製品"：*Honda* is a famous Japanese automobile company. / He bought a *Honda* last month.

ここでファセット由来の語義を前項で「準語義」と述べた理由を説明しておこう．たとえば，bank（銀行）は「機関」タイプの規則的多義語である（厳密には，規則的多義性を含む語である．大半の多義語は後に述べるように不規則的な語義も含む）が，同時に bank（堤）とともに同音異義語を成す．bank のファセット由来の〈銀行の建物〉という語義も，bank（堤）と同音異義語を成す bank の〈銀行〉という語義も do-so / be-so を用いた同一性テスト（identity test）には同じ結果を示す．

(20) a. His house is near the *bank*, and so is hers. 〈（銀行の）建物〉
  b. He knows the *bank*, and so does she. 〈銀行〉または〈堤〉

(20a) の be-so の内容は 'be near the bank' であり，the bank は第1の節と同じ〈銀行の建物〉を表す．(20b) でも第1節の bank が〈銀行〉であれば，第2節の do-so の解釈は〈銀行を知っている〉になり，第1節のそれが〈堤〉であれば，第2節の解釈は〈堤を知っている〉になる．これに対し，くびき語法（zeugma）テストに関してはファセット由来の語義と同音異義語の語義は明らかな違いを示す．

(21) a. *I often fish on the *bank* and get a loan from it. ［同音異義語］
  b. The friendly *bank* in the High Street that was founded in 1575 was blown up last night by terrorists. ［ファセット由来の語義］ (Cruse 2004: 114)

(21a) の場合は，第1節の bank は fish on 〜 との共起関係から〈堤〉と解釈され，第2節のそれは get a loan from 〜 との共起関係から〈銀行〉と解釈される．しかし，同一指示を表す代名詞 it を使ってこれら二つの節を結合するとくびき語法を生み出し，文の意味が変則的となる．他方，(21b) の bank は，Cruse (2004: 114)

が指摘しているように，

(22) a. The *bank* in the High Street was blown up last night. "建物"
b. That used to be the friendliest *bank* in town. "職員"
c. This *bank* was founded in 1575. "機関"

という三つのファセット由来の語義を一つの bank に融合したものである．それでありながら，Cruse によると，ファセット由来の語義の場合はくびき語法にならないという．既述のように，book も

(23) a. This is a very interesting *book*. "内容"
b. The *book* is awfully heavy to carry around. "人工物"

のように "内容" と "人工物" というファセット由来の意味を持つが，この場合も次のように一つに繋いでもくびき語法にならない．

(24) This is a very interesting *book*, but it is awfully heavy to carry around.
(Croft and Cruse 2004: 121)

語義 (sense) は，同音異義語の bank の〈堤〉と〈銀行〉のように，指示対象を他の指示対象と完全に区別する機能を果たす場合，「完全語義」(full sense) と呼ばれる (Cruse 2004, Croft and Cruse 2004)．異なった完全語義を持つ bank (堤) と bank (銀行) は，(21a)に示したように，結合するとくびき語法を生み出す．これは二つの語義が完全に対立し，それぞれの自立性が非常に高いことを示す．これに対し，ファセット由来の意味は，(21b)と(24)にみるように，二つの意味を結合した重文がくびき語法とならない．ファセット由来の意味は文コンテキストの作用で生じるので「語義」ではあるが，くびき語法を生み出さない点では自立性の高さにおいて「完全語義」には至っていないといえる．ファセット由来の意味を「準語義」と呼ぶのは，このように完全語義との比較においてであるが，両者の違いについては次の節でも扱う．

◆ 2.2 多義性と比喩的意味

多義語の派生義は，これまで述べたように，当の語の基本義とコンテキストの相互作用によって生まれる．ここで派生義が基本義と文コンテキストから導き出される過程を考えてみよう．たとえば，window の派生義は(17b, c)のようなコン

2.2 多義性と比喩的意味

テキストでの window の解釈から生じる．もちろんこのような解釈が語義として定着するには，この解釈がそれ相応に頻繁に生じ，英語社会の中で「定着した」(established) ものと認められる必要がある．新しい語義の誕生には，語の新規な解釈（または使用）がその語を用いる言語共同体で語義として認められ，定着しなければならないが，これは当然のことなので以下の説明では定着に至る過程には特に言及しない．

語に新たにそれまでにない解釈（使用）が行われる場合を考えると，既存の語にはすでに固有の語義（基本義）があるので，新規な解釈（使用）にはある種の制限，すなわち，固有の語義から離れすぎた解釈（使用）はできないという制限がある．たとえば，window の新規な解釈（使用）は無制限ではなく，その範囲は，通常，基本義〈窓〉の指示対象に<u>関連するもの</u>に限定される．〈窓〉の指示対象は建物の開口部であるが，それに関連するものといえば，窓の開閉部や素材のような窓の<u>構成要素</u>がその代表である．しかし，関連するものには窓の構成要素だけに限らず，<u>窓と形状や機能が類似する</u>，窓とは別のものも含まれる．たとえば，封筒の window やコンピュータの window は形状や機能が窓に類似する（窓とは別の）具体物であり，また次の例では window は窓に機能が類似する抽象物と解釈される．

(25) a. Television provides us with a useful *window* on the world. （LDOCE）
  ［〜を知る手段，〜の窓］
  b. I'm quite busy this week but there might be a *window* on Friday.（CALD）
  ［(事をなすのに都合のよい) 空きの時間］

語の解釈や使用の範囲をその指示対象の構成要素や関連する事物にまで拡張する使用法／解釈法は従来からメトニミー（metonymy）と呼ばれ，比喩の一種とみなされる．一方，語をその基本義の指示対象と形状や機能が類似した別のものを表すのに使用（またはそのように解釈）する表現法はメタファー（metaphor）と呼ばれる比喩的表現法である．多義語の基本義から派生義が生じる過程においては，語の解釈（使用）のこのような比喩的拡張が重要な役割を果たす．以下本節では多義性とメトニミーおよびメタファーの関係を検討する．

2.2.1　多義性とメトニミー

　多義性を生み出すうえでメトニミーは大きな役割を果たすが，メトニミーによる語の意味拡張がすべて多義性に繋がるわけではない．まず，メトニミーによる意味拡張でありながら多義性を生み出さない，つまり，語義としての派生義とはならない典型的な例をみておこう．なお，説明の便宜上，メトニミーとして解釈／使用される語（以下，メトニミー表現）の基本義を「ソース」(source)，その語が当該コンテキストで表す（と解釈される）意味を「ターゲット」(target) と呼ぶことにする．次の (26) の he は明らかにメトニミー表現であるが，ここでは he の基本義〈彼〉がソースであり，言外に意味する〈彼の名前〉がターゲットである．

　(26) *He*'s not in the phone book.

では，〈彼の名前〉は he の派生義であるかというと，この意味は電話帳のような「名簿」が関係するコンテキスト以外では生じることがなく，語義として定着するほど頻用されるとは考えがたい．さらに問題なのは，he は代名詞であるので，もし he が男性を指す以外にその名前を指すことができるとすると，

　(27)　*If you know his name, could you tell *him* to me?

という誤文が正しい文ということになってしまう．このことは，語のメトニミー用法が即その語の派生語義ではないことを示している．

　では，メトニミーによって生み出される意味拡張がどのような場合に派生義となるかをみるため，次のような例を考えてみよう．

　(28)　a. The *red shirts* won the match.　　　　　　　　(Paradis 2004)
　　　　b. The *ham sandwich* left a big tip.
　　　　c. Where are *you* parked?
　　　　d. I need to fill up the *car*.　　　　　　　　　　　　(LDOCE)
　　　　e. The store is next to the *bank*.
　　　　f. The *book* is very boring.

の斜体の表現はすべてメトニミー表現とみなされているものであるが，これらすべてが派生義を生み出すわけではない．(28a, b) の例文では，文脈から red shirts と ham sandwich は，それぞれ，〈(赤いシャツを着た) 選手たち〉，〈(ハムサンドイッチを注文した) 客〉と解釈されるが，ソースとターゲットである〈赤いシャ

2.2 多義性と比喩的意味

ツ〉と〈選手〉,〈サンドイッチ〉と〈客〉はそれぞれ明らかに異なった領域の概念であり,またそれぞれの外延(指示対象)は明らかに異なる.したがって,〈選手〉が red shirts という表現の,〈客〉が ham sandwich という表現の派生義であるとは考えがたい.一方,〈聞き手〉と〈聞き手の車〉,〈車〉と〈ガソリンタンク〉の間の関係は,「所有者と所有物」,「事物とその付属物」というもので,〈赤シャツ〉と〈選手〉,〈サンドイッチ〉と〈客〉の間の関係と比べるとより密接であるが,〈聞き手の車〉が you の,そして〈ガソリンタンク〉が car の,派生義とは言いがたい.〈聞き手の車〉と you の関係は所有の関係で,〈赤いシャツ〉と〈選手〉同様,指示対象としては別物であり,両者の間に指示関係性(前章 1.4 節 (29) 参照)はない.そのため,you が〈聞き手の車〉の意のメトニミー表現として用いられるのが (28c) のような文脈に限られており,次に示すように他の文脈では you のメトニミー表現は許されない.

(29) a. Can I borrow *your car* / *you today? (「あなたの車をお借りできますか」の意で)
  b. *Your car* drives / *You drive easily. (「あなたの車は運転がしやすい」の意で)

〈ガソリンタンク〉と car の関係も同様で,car が〈ガソリンタンク〉を意味するメトニミー表現として使えるのは fill up a car というかなり慣用語句化した表現においてのみである.他の文脈においては,たとえば,

(30) The *car* is full / empty.

という文には〈ガソリンタンクが満杯である/空である〉という解釈はなく,この文の解釈は〈その車は人または物で一杯である/空である〉となる.The gas tank is full / empty. は〈ガソリンタンクが満杯である/空である〉ことを意味するので,同じ文コンテキストに現れた car にもし〈ガソリンタンク〉という派生義があるとすれば,(30) は〈ガソリンタンクが満杯である/空である〉と解釈できるはずであろう.なお,car の指示対象である車はさまざまな部分によって構成された総合体であるので,語としては全体・部分的側面を持つ不明確語 (2.1.3 項参照) である.そのため,文コンテキストの種類に応じて車の異なった部分が活性領域となり,そこから car の文脈的変種が生じる.Radden and Dirven (2007: 10) から例を借りて以下に示そう.

(31)　　　　文コンテキスト　　　　　　　活性領域
　　a. Can you lubricate the *car*?　　[parts easing smooth motion]
　　b. Can you start the *car*?　　　　[engine of the car]
　　c. Can you wash the *car*?　　　　 [body of the car]
　　d. Can you hoover the *car*?　　　 [interior of the car]

car が a.「油を差す」，b.「始動させる」，c.「洗う」，d.「(電気掃除機で) 掃除する」という事態との関わりで用いられると，この語は，それぞれの事態に応じて [　] 内に示された「移動を円滑にする装置」，「エンジン」，「車体」，「車の内部」といった部分が活性領域となり，それらの部分の意味が car の文脈的変種となる．では，これらの文脈的変種が car の派生義であるかというと，そうとは言い切れない．文コンテキストから生じたとはいえ，(31)に示した活性領域は特定の文コンテキストに限定されていて，一般性に欠ける．たとえば，(31b)のコンテキストでは car の活性領域は「車のエンジン」であるが，この活性領域が生じる文コンテキストは非常に限られている．

(32)　a. The *car* is running all right. ≠ The *engine of the car* is running all right.
　　　　（車がちゃんと走っている）　　（車のエンジンがちゃんと回転している）
　　　b. The *car* was left in the parking lot. ≠ The *engine of the car* was left in the
　　　　　　　　　　　　　　　　　　　　parking lot..
　　　　（車自体が置き去りにされる）　　（車のエンジンが置き去りにされる）
　　　c. The *car* went wrong. ≠ The *engine of the car* went wrong.
　　　　（車自体が故障した）　　（車のエンジンが故障した）

もし car に〈車のエンジン〉という語義があるなら，文コンテキストがまったく同じである(32a-c)において，第 1 文は第 2 文と同義であるはずであるが，実際には 2 文は同義ではない．ということは，the car = the engine of the car となる文コンテキストは極めて限られており，他の多くの文コンテキストではそれが成立しないということであり，〈車のエンジン〉はそれだけ語義としての自立性が低いということである．なお，このことは，同時に，文コンテキストが派生義を生み出す必要条件ではあるものの，その十分条件ではないことを示している．

(28)の例に戻ると，(28e, f)のメトニミー表現の場合は，ソースとターゲットの関係が(28a-d)のメトニミー表現のそれとかなり異なっている．(28e)の bank のソースは〈銀行〉で，ターゲットは〈銀行の建物〉であり，(28f)の book のソー

スは〈本〉で，ターゲットは〈本の内容〉である．既述のように，(28e, f)のターゲット〈銀行の建物〉，〈本の内容〉はソースのファセット由来の意味である．〈銀行〉対〈銀行の建物〉と〈聞き手〉対〈聞き手の車〉の関係を比較してみよう．〈聞き手〉と〈聞き手の車〉は別々の（指示対象を表す）概念であるのに対し，〈銀行〉と〈銀行の建物〉は別個の（指示対象を表す）概念ではない．車は人間から切り離しても存在するが，銀行の建物は銀行から切り離しては存在し得ない．すなわち，銀行の業務を行わない建物を bank と呼ぶことはできない．本の場合も同様で，内容が何もない冊子を book と呼ぶことはない．すなわち，(28e, f)の bank, book のソースとターゲットの関係は「全体とその一部である構成要素（＝ファセット）」の関係である．bank は school, hospital, church などの「機関」グループの語の一つで"建物－職員（構成員）－業務（任務）"というようなファセットのセットを共有し，このセットは規則的多義性を生み出すことはすでに述べた（2.1.4節参照）．book も「読み物」グループの他の語と"人工物－内容"というファセットを共有する規則的多義語である．ファセットは「全体」の構成要素であり，その不可欠な要素である．ソース・ターゲットの観点からまとめると，(28a-d)のメトニミー表現と(28e, f)のメトニミー表現の違いは次のようである．

(33) a. (28a-d)：ソースとターゲットがそれぞれ異なった領域の概念である．
　　　b. (28e, f)：ターゲットがソースの不可欠な構成要素（ファセット）である．

(33a)のタイプのメトニミー表現においては，ソースとターゲットの関係が偶発的（contingent）で，メトニミーが成立する両者の間の近接性は感覚的観察によって経験的に確証される．たとえば，(28a, b)における〈赤シャツ〉と〈選手〉，〈サンドイッチ〉と〈客〉の間の近接性は競技場やレストランに偶然居合わせた（あるいは，TVやビデオなどの映像媒体を通して見た）場合にのみ観察される．一般に「基本義」と「派生義」との間には論理的で必然的な繋がりなければならないが，ソースとターゲットの近接性が偶発的な経験によってのみ認識される(33a)タイプのメトニミー表現においては，ターゲットとソースの間に論理的，必然的な繋がりは存在しないので，前者は後者（基本義）の派生義にはなり得ない．〈赤シャツ〉と〈選手〉，〈サンドイッチ〉と〈客〉の間の近接性は，競技場やレストランに居合わせるというような偶然によってのみ知り得るもので，これらのソースとターゲットの間には論理的，必然的な繋がりはなく，したがって基本義と

派生義の関係にはない（メタファー的意味拡張による派生義はこれと異なった説明が必要であるので，次の項で述べる）．

(28c)のメトニミー表現の〈聞き手（＝人間）〉と〈聞き手の車〉の場合も，上で述べたように，両概念間に論理的，必然的繋がりはない．生き物である〈人間〉と人工物である〈車〉はまったく異なった概念領域に属する．他方，(28d)の〈車〉と〈車のガソリンタンク〉の間には「全体とその一部分」の関係があり，両者の間には必然的な関係があるといえなくはない．しかし，〈車のガソリンタンク〉が〈銀行の建物〉や〈本の内容〉のようなファセット由来の意味であるかというと，ガソリンタンクは車が属する「乗り物」類のすべての構成員に共有される部品ではないので，その概念〈ガソリンタンク〉がファセットであるとは考えがたい．また，〈車のガソリンタンク〉が〈車〉のターゲットとなり，メトニミーが成立するのが 'fill up a car' のような慣用表現に限られているため，これが派生義と認めがたいことは上述のとおりである．

以上，メトニミー表現のソースとターゲットの関係が偶発的な場合(28a, b)や，メトニミー表現として成立するコンテキストが極めて限られている場合(28c, d)にはメトニミーによる意味拡張は派生義に繋がらず，メトニミー表現が派生義を生み出すのはそれがファセットを含む場合であることをみてきた．

2.2.2 不規則的多義性と比喩表現（シネクドキ，メタファー）

語の多義性を生み出す，すなわち，基本義から派生義を生み出す比喩的意味拡張にはメトニミーだけでなく，シネクドキ（synecdoche）やメタファー（metaphor）も関わる．多義語の基本義と派生義の関係の最も重要な要素は「関連性」であるが，「全体とその部分」という関係は関連性の典型で，全体とその部分を同一の語で表現した場合，全体を表す意味と部分を表す意味は強い関連性を持つことになる．部分を表すのに全体を表す語を用いる，または全体を表すのに部分を表す語を用いるのがシネクドキであるので，ここから生まれる意味は派生義である．なお，シネクドキに関わる「全体と部分」には厳密には次の2種類がある．

 ⅰ）全体とそれを構成する部分の関係　［全体と部分］
 ⅱ）上位の類とそれに属する種（＝下位類）の関係　［類と種］

シネクドキ表現の種類と若干の例をあげておこう．

2.2　多義性と比喩的意味

〈部分が全体を表す例〉

(34) a. It's nice to see some new *faces* here this evening. ［＝persons］　（OALD）
　　 b. How many extra *hands* will we need to help with the harvest?
　　　　［＝workers］　（CALD）
　　 c. The girls go for the boy with the nicest-looking *wheels*. ［＝car］　（MED）

〈全体が部分を表す例〉

(35) a. *Japan* lost in the final game. ［＝the team representing Japan］
　　 b. The *world* treated him badly. ［＝part of the world］

〈種が類を表す例〉

(36) a. I want nothing but raiment and daily *bread*. ［＝food］　（CCDC）
　　 b. Here, have a *Kleenex* to dry your eyes. ［＝tissue］　（OALD）

〈類が種を表す例〉

(37) a. They've stopped delivering *milk* in our area. ［＝cow's milk］　（ibid.）
　　 b. There sits my *animal* guarding the door to the hen house. ［＝dog］

次の〈素材が製品を表す例〉もこの部類に入るものと思われる.

　　 c. Do you take *plastic*? ［＝credit card］　（OALD）
　　 d. They had some beautiful *silver*. ［＝silverware, dishes］

メタファー的意味拡張はほとんどの多義語にみられ，メタファーは語の多義化における重要な要因である．一方で，メタファーは，（ファセットを介して）メトニミーが生み出す規則的多義性に対して，不規則的多義性（すなわち，不規則な意味拡張）を生み出すため，体系的に扱いにくく，そのため限られた紙数で簡単にその全容を述べることは困難である．今述べたように，メタファーは語の多義化における重要な要因であるので，本書の他の章でもメタファー的意味拡張の事例は多く扱われている．事例については以下の章でみてもらうことにして，ここでは語の多義化を促進するメタファーの作用の原理的な側面のみを扱うことにする．語の多義化を促すメタファーの作用の要点を簡単に述べると，メタファーは，語の基本義全体に対してでなく，基本義に含まれる指示対象の特質（形状，機能などの属性）の一部に対して作用する，ということである．たとえば，pigという語の基本義は，"a farm animal with short legs, a fat body, and a curved tail"（LDOCE）（足の短い，太った，しっぽの曲がった家畜）という動物としての定義に加えて，豚特有の習慣や行動を特徴付ける〈大食いである〉や〈汚ならしい〉

といった概念を含むと考えられる．一方で，この語は次例にみるような〈大食漢〉や〈汚ならしい人〉というメタファー的派生義を持つ．

(38) a. The greedy *pig*'s eaten all the biscuits! （OALD）
　　 b. How can you live in this mess? You're such a *pig*! （LDOCE）

ここで注目すべきは，これらの派生義には pig の基本義に含まれる〈足の短い，太った，しっぽの曲がった〉という動物としての豚を特徴付ける特質が含まれていないことである．すなわち，〈大食漢〉という pig の派生義には，〈大食いである〉という概念のみが，また〈汚ならしい人〉という派生義には〈汚ならしい〉という概念のみが含まれる．メタファーは語をその本来の指示対象が属する領域と異なった領域の指示対象に転用する表現法であるため，(38)の例でいえば，「動物」の領域の豚を表す pig をそれと異なった領域の「人」に転用することによって生まれた派生義に，動物としての豚の定義〈足の短い，太った，しっぽの曲がった〉が含まれないのは当然である．このように，メタファーによる意味拡張においては，派生義の生成に関わるのは基本義に含まれる特質の一部のみである．上の(25)に示した window のメタファー的意味拡張についても同じことがいえる．window には "an opening in the wall or roof of a building, car, etc., usually covered with glass, that allows light and air to come in and people to see out"（OALD の定義）（室内に採光や空気を入れ，また外の様子をみるために建物の壁または屋根に作った，通常ガラスをはめ込んだ穴）という基本義があるが，a useful *window* on the world（世界を知る手段，世界の窓）という派生義は，基本義に含まれる〈外をみるための穴〉という窓の機能上の特質に適用されたメタファーによって生み出されたものである．また，there might be a *window* on Friday（空きの時間）というメタファー的派生義は，壁にできた〈穴〉という窓の形体上の特質が利用され，忙しいスケジュール上の穴，すなわち，〈空き時間〉という時間上の空白に転用されたものと考えられる．

　メタファー的意味拡張は基本義からだけでなく，条件が満たされれば派生義からも生まれる．たとえば，dictionary には，2.1.3項でもふれたように，ファセット由来の〈辞書という人工物〉（This *dictionary* is very heavy.）と〈辞書の内容〉（This *dictionary* is very useful.）という派生義がある．この語には，さらに，

(39) She is a walking *dictionary*.〈たいへんな物知り，生き字引〉

というメタファー的派生義もある．この派生義は〈辞書の内容〉というファセット由来の派生義が活用され,「辞書の内容がすべて頭に中に詰まっている人」という辞書と人の間のメタファーから生まれたものと考えられる．

◆ 2.3 まとめ

　本章ではコンテキストが語の多義化にどのように関わるかをみてきた．語がコンテキストの中で用いられた場合，語はその基本義どおりに解釈されることは比較的少なく，コンテキストから何らかの修正を受けた解釈になることが多い．このコンテキストから修正を受けた解釈は基本義の文脈的変種（contextual variant）であるが，文脈的変種はコンテキストが語の基本義に含まれるある特質を際立たせる（活性化する）ことから生じ，この際立たされた（活性化された）特質は活性領域（active zone）と呼ばれる．文脈的変種には語義（sense）と認められるものと，語義としての自立性（autonomy）を欠く，語義未満の下位語義（subsense）があり，文脈的変種のすべてが多義語の派生義となるわけではない．コンテキストには大別して文コンテキスト（sentential context）と使用の場コンテキスト（usage context）があり，文コンテキストは語と意味上の共起（選択）関係を持つ前後の語（句）から成るので，文コンテキストから生み出される文脈的変種は語義としての自立性を持つことが多い．一方，使用の場コンテキストでは，主として使用の場からの情報および言語使用者の百科事典的知識が作用するので，この種のコンテキストから生じる文脈的変種は語義未満の下位語義となる．

　多義語の派生義となる，語義としての資格を持った文脈的変種には，ファセットと呼ばれる，ある種の語群の構成メンバーに共通する特徴を備えたものがあり，ファセット由来の文脈的変種は規則的多義性（regular polysemy）を生み出す．この規則的多義性を生み出す意味拡張のプロセスを支えるのはメトニミーであるが，個別の語に限られた多義性，すなわち，不規則的多義性（irregular polysemy）の発生にはシネクドキやメタファーが関わり，語の多義化にはこのように比喩法が深く関与する．

Q より深く勉強したい人のために

- Croft, William and Alan Cruse (2004) *Cognitive Linguistics*, Cambridge: Cambridge University Press.

  この書の第5章は語彙意味論 (lexical semantics) の分野での認知的アプローチを扱い，特に本文で述べた語義の「自立性」(autonomy) を詳しく扱い，それに基づいて「完全語義」(full sense)，「ファセット」(facet)，「下位語義」(sub-sense/micro-sense) の区別を非常に詳しく解説している．

- Radden, Günter and René Dirven (2007) *Cognitive English grammar*, Amsterdam/Philadelphia: John Benjamins Publishing Company

  本書は認知文法に基づく英文法書であるが，本文で扱っている多義性との関わりでいうと，本書第1章の「思考や言語におけるカテゴリー」の解説が有益である．本文で扱っている語の意味の拡張は語が捉えるカテゴリーの拡張であり，本書はこの観点からメトニミーやメタファーによるカテゴリーの拡張を説明する．また，メトニミーとの関連で活性領域 (active zone) についても詳しく解説している．

- Evans, Vyvyan and Melanie Green (2007) *Cognitive Linguistics: An Introduction*, Edinburgh: Edinburgh University Press.

  この書は 800 ページを超える大部の認知言語学の入門書であるが，本文との関わりでは，多義性を扱う第10章の解説が有益である．10.1節の"The importance of context for polysemy"では本文で扱ったコンテキストの種類について詳しい説明が行われている．さらに，コンテキストの種類と語の意味解釈 (文脈的変種) との関係についても詳しく解説している．

文　献

Croft, William and Alan Cruse (2004) *Cognitive Linguistics*, Cambridge: Cambridge University Press.

Cruse, Alan (1995) "Polysemy and related phenom ena from a cognitive linguistic viewpoint," in Disier, Patrick St. and Evelyne Viegas (eds.), *Computational Lexical Semantics* (33-49). Cambridge: Cambridge University Press.

Cruse, Alan (2004) *Meaning in language* (2nd Edition), Oxford, England: Oxford University Press.

Cruse, Alan (2006) *A Glossary of Semantics and Pragmatics*, Edinburgh: Edinburgh University Press.

Evans, Vyvyan (2007) *A Glossary of Cognitive Linguistics*, Edinburgh: Edinburgh University Press.

Evans, Vyvyan and Melanie Green (2006) *Cognitive Linguistics: An Introduction*, Edinburgh: Edinburgh University Press.

Langacker, Ronald W. (1987) *Foundations of Cognitive Grammar* Volume Ⅰ *Theoretical Prerequisites*, Stanford: Stanford University Press.

Langacker, Ronald W. (2009) *Investigations in Cognitive Grammar*, Berlin: Mouton de Gruyter

Paradis, Carita (2004) *Metaphor and Symbol* 19(4), 245-264.

Radden, Günter and René Dirven (2007) *Cognitive English grammar*, Amsterdam / Philadelphia: John Benjamins Publishing Company.

利用辞書

CALD = *Cambridge Advanced Learner's Dictionary* (3rd Edition), 2008.

CCDC = *Collins COBUILD Dictionary on CD-ROM*, 2006.

LDOCE = *Longman Dictionary of Contemporary English* (5th Edition), 2009.

MED = *Macmillan English Dictionary for Advanced Learners* (2nd Edition), 2007.

OALD = *Oxford Advanced Learner's Dictionary* (9th Edition), 2015.

WID = *Webster's Third New International Dictionary, Unabridged*, 2000.

第Ⅱ部　実践編

多義語分析の実践

第3章 多義語の分析 I
——語彙意味論的アプローチ

大室 剛志

◆ 3.1 はじめに

まず，(1a)と(1b)の比較をすることから話を始めよう．
(1) a. a bright bulb
 b. an opaque bulb (Pustejovsky 1995: 89)
(1a)も(1b)も冠詞，形容詞，名詞からできている名詞句であり，句の形式という点ではまったく変わりがない．だから，「(1a)の形容詞と(1b)の形容詞は何を修飾しているの？」と聞かれたら，「(1a)と(1b)で変わることなどなく，それぞれの形容詞が修飾しているのは，その後ろにある同じ名詞の bulb（電球）だよ．」と答えるであろう．この答えも間違いとまではいえない．なぜなら，名詞を修飾するのは一般に形容詞であるから．さらに，「(1a)と(1b)のそれぞれを日本語に直してごらん．」といわれたら，「それぞれ「明るい電球」と「曇った電球」だよ．」と答えるであろう．この答えも間違いとまではいえない．

では，同じような趣旨で今度は，(2a)と(2b)を比較してみよう．
(2) a. a fast typist
 b. a male typist (Pustejovsky 1995: 89)
この場合も(1)の場合と同じように問われたら，「(2a)の fast が修飾しているのも(2b)の male が修飾しているのも同じ名詞の typist だよ．」と答えるだろうし，「(2a)と(2b)のそれぞれの対応する日本語は「「速いタイピスト」と「男性のタイピスト」だよ．」と答えるだろう．確かにこれらの答えでも間違いとまではいえない．でも，その答えはどれもあまりにも表面上の形だけをみての，つまり，形容詞の後に名詞がきているという表面上の形だけをみての不十分な答えでしかない

3.1 はじめに

ように思われる．(1)の場合，同じ「電球」(bulb)でも，それぞれの形容詞が本当に修飾しているのは電球の意味の「どの面なのであろうか」．この問いにしっかりと答えることができると，対応する日本語の方も「明るい電球」と「曇った電球」とだけいっていたのでは，間違いではないにしても，不足あるいは正確さに欠けるということになるのではないだろうか．(2)の場合も同様で，それぞれの形容詞が修飾しているのはタイピストの意味の「どの面なのであろうか」と少しでも深く考え始めたら，単純に「修飾しているのは形容詞の後ろの名詞」では済まされず，また対応する日本語も「速いタイピスト」と「男性のタイピスト」では済まされなくなってくる．つまり，「電球」という名詞，「タイピスト」という名詞を一塊としてみていたのでは不十分で，それぞれの名詞の意味の中身までより深く入り込んでみていくことで，それぞれの名詞が持つ意味のどの側面を形容詞が真に修飾しているのかを捉える必要がある．そうしないと，正確な修飾関係を捉えたことにならないし，正確に意味解釈ができたことにならない．

次に(3)を考えてみる．

(3) a. Mary enjoyed the movie last night.
　　b. John quite enjoys his morning coffee.
　　c. Bill enjoyed Steven King's last book.

(Pustejovsky (1995: 88) を提示のため一部改変)

(3)の文はいずれも形のうえで，動詞 enjoy が目的語の名詞をとっているという点では変わりはない．ここでもまた，「(3)の文のそれぞれの主語 Mary，John，Bill は何を楽しむ (enjoy) の？」と問われたら，「「楽しむ (enjoy)」という動詞のそれぞれの目的語名詞である「映画 (the movie)」，「朝のコーヒー (his morning coffee)」，「スティーヴンキングの最近の本 (Steven King's last book)」だよ．」と答えるだろう．でも，「映画を楽しむ」，「コーヒーを楽しむ」，「本を楽しむ」というのは，「科学する」「お茶する」ほどではないにしても，何かやはりいい足りなさを感じるのではないだろうか．同じ「楽しむ (enjoy)」でも，(3)のそれぞれの文で本当に楽しんでいるのは何なのだろうか．この問いに答えるには，「楽しむ (enjoy)」対象を意味解釈するうえで，今述べた「いい足りなさ」の部分を補ってあげる必要があると思われる．

(1)と(2)の例は，形容詞が名詞を修飾するときに，修飾される側の名詞の意味

の中身をよくみないといけないということを示す例であったが，(3)でも，同じ動詞「楽しむ（enjoy）」であっても，正確に何を楽しんだかを決定するには，ここでもまた，動詞の後にあるそれぞれの目的語名詞 movie, coffee, book の意味の中身をよくみていかないといけない．つまり，形容詞の修飾であっても，動詞「楽しむ（enjoy）」の対象であっても，それらを正確に決定するには，形容詞，動詞自体の意味ももちろん考えなければならないが，むしろそれらの後に生じている要素（この場合であれば名詞）といったいわば文脈的要素の意味の中身をみていかなければならない．

　　最後に(4)を考えてみる．

(4) a. Willy wiggled. 　　　　　　　　　　　　　　(Jackendoff (1990: 88))
　　 b. Willy wiggled out of the hole. 　　　　　　 (Jackendoff (1990: 89))

(4a)は，「ウィリーが体をくねくねさせた．」という意味で，この場合「くねくね」はウィリーが今居る場所で体を「くねくね」させているだけで，「くねくね」という動きは，ウィリーの体自体の中だけで起こっていて，ウィリーが体をくねくねさせながら，たとえば，廊下などを移動して行ったというようなことは特に示してはいない．ところが，(4b)のように，out of the hole（穴から出て）というような経路を示す前置詞句が付くと，「くねくね」は変わらずウィリーの体の中だけで起こっているのだけれども，今度はとたんにウィリー自体が穴の中から外へと移動することになる．つまり，(4)では，動詞 wiggle と前置詞句 out of the hole が合体することで，(4a)にはなかった「ある経路を移動する」という意味が新たに生じていることになる．

　本章では，今行ったように，なるべく具体例に基づきながら，同じ「電球(bulb)」，同じ「タイピスト（typist）」，同じ「楽しむ（enjoy）」，同じ「くねくねする（wiggle）」という語でも，それぞれの語の文脈にどのような要素が生じるかによって，(たとえば，(bright, opaque), (fast, male), (movie, coffee, book), (out of the hole) のどの語（句）が生じるかによって)，それぞれの語の意味のどの側面が実際に表に顔を出してくることになるのか，すなわち語の多義性（あるいは見かけ上の多義性）と文脈との関係について考察する（語の多義性へのアプローチの仕方については Ravin and Leacock eds. 2000 も参照）．この考察には，上で発した問いになるべく正確に答えられるよう，生成語彙論（generative lexicon)(Pustejovsky (1995), 小野 (2005) 等参照）と概念意味論 (conceptual semantics) (Jackendoff (1983, 1990, 1997, 2002, 2007, 2010, 2012) 等参照）という生成文法 (generative grammar) の立場にたった語彙意味論 (lexical semantics) の枠組みにより論じていくことにする．3.1 節では，生成語彙論の立場から，語彙概念形変化 (lexical conceptual paradigm) と特質構造 (qualia structure) というトピックから始めて，下位タイプ強制 (subtype coercion)，補部強制 (complement coercion)，共合成 (co-composition)，選択的束縛 (selective binding) といった意味操作を順にみていくことにより，語の（見かけ上の）多義性がいかに生じるかをみる．3.2 節では，概念意味論の立場から，語の多義性を縮約表記法 (abbreviatory notation)，意味場 (semantic field)，優先規則体系 (preference rule system) を用いて分析する．生成語彙論も概念意味論も形式主義を重視した意味論であるが，なるべくインフォーマルなかたちで紹介していくことにする．

◆3.2 語の多義性と生成語彙論

本節では，語の（見かけ上の）多義性に関して，具体例に基づきながら，生成語彙論の考え方を Pustejovsky (1995) の研究を中心に，紹介する．生成語彙論の基本的な考えは，辞書 (lexicon) に列挙すべき一つの語が持つ多義の数はできるだけ少なくし，一つの語が異なった文脈に現れることで，文脈の力により，一つの語の原形的な意味が持つ異なった意味の側面が，意味の"変形規則"とでもいうべき下位タイプ強制，補部強制，共合成，選択的束縛といった意味操作により，表面に現れてくるとみた方がよいというものである．

3.2.1 語彙概念変化形と特質構造

英語の be 動詞の原形は be で，それが出てくる環境によって，am, are, is, was, were に変化することは，英語を少しでも勉強した人なら，誰でも知っていることである．少なくとも英語の動詞には語形変化がある．実は，これと同じことが語の意味についてもいえそうである．

(5) a. The newspapers attacked the President for raising taxes.
b. Mary spilled coffee on the newspaper.

c. John got angry at the newspaper. (Pustejovsky 1995: 91-92)

語形変化は，am, are, is, was, were と形が異なるが，(5)では，同じ「新聞（newspaper）」（これがこの場合の意味のいわば原形に当たる）という意味が，形は(5a)，(5b)，(5c)で変えないものの，その意味のどの側面が表面化して出てくるかで変化する．(5a)の文脈では，「新聞」の意味のうちの組織である「会社」の面が表に出てきていて，(5a)の文は日本語に直せば，「いくつかの新聞社が増税したことにたいして大統領を責めた．」となる．つまり，(5a)の newspaper は「新聞社」の意味として(5a)の文脈で使われている．(5b)の文脈では，「新聞」の意味の物体の面が表に出てきていて，(5b)の文を日本語に直すと，「メアリーは新聞紙の上にコーヒーをこぼした．」となる．つまり，(5b)の newspaper は「新聞紙」の意味として(5b)の文脈で使われている．(5c)の文脈では，「新聞」の意味のうちの内容面，つまり新聞には情報が書かれているので，その情報の面が表に出てきている．よって，(5c)の文は日本語に直せば，「ジョンはその新聞記事の内容に腹を立てた．」となる．つまり，(5c)の newspaper は「新聞記事の内容」の意味として(5c)の文脈で使われている．Be 動詞には原形の be があり，それが出る環境によって語形変化し，am, are, is, was, were になるように，「新聞（newspaper）」にも意味の原形である「新聞（newspaper）」があって，それが出てくる文脈によっていわば語彙概念形変化（lexical conceptual paradigm）し，「新聞社」，「新聞紙」，「新聞記事の内容」に(5)ではなっているのである．

語彙概念形変化をする語は，普通のいいかたであれば，多義語ということになる．しかし，生成語彙論では，上でも述べたように，語が持つ多義をひとつひとつ辞書に列挙してしまう方法を好ましいとは考えない．そう考えるのではなくて，文脈の力により，語が持つ一つの意味の異なった側面が，語の語彙表示（lexical representation）に含まれる特に特質構造（qualia structure）と，下位タイプ強制，補部強制，共合成，選択的束縛といった意味操作との相互作用により，いかに表面化してくるか，つまり，見かけ上の多義がいかに生じてくるかの生成的（generative）なメカニズムを解明することの方が重要と考えている．

特質構造をみる前に，もう少し語彙概念形変化の具体例をみておく．

(6) a. John crawled through the window.
　　b. Mary broke the window. (Pustejovsky (1995: 91))

3.2 語の多義性と生成語彙論

ここで、いわば意味の原形に相当しているのは「窓 (window)」である。この「窓 (window)」の意味のうちの,「窓を開けてできる空間」の部分、いわば、窓の内面（うちづら）の意味の部分が表に出てきているのが、(6a) の the window である。(6a) を、単に、「ジョンは窓から這って出た。」と日本語に直してももちろん間違いではないが、正確に指定しきれていない意味の部分が残ってしまうことになる。指定しきれていない部分をあえて指定して (6a) を日本語に直すと,「ジョンは窓を開けてできる空間から這って出た。」となる。それに対し、(6b) では,「窓 (window)」という物体それ自体の意味の部分、いわば窓の外面（そとづら）の部分が表に出てきている。したがって、(6b) で、メアリーは窓という物体自体を壊したことになる。「窓 (window)」という意味の原形が、(6a) と (6b) というそれぞれの文脈で「窓を開けてできる空間」と「窓という物体自体」に語彙概念形変化している。

同じことは、(7) の「ドア (door)」についてもいえる。

(7) a. Mary walked through the door.
　　b. Mary painted the door. 　　　　　　(Pustejovsky (1995: 91))

(7a) では、メアリーはドアが開いてできる空間から歩いて出ているのであって、(7b) ではメアリーはドアの面にペンキを塗っている。(7a) のドアが開いてできる空間の部分にペンキを塗ろうとしてもそれはできない。

今みた内面（うちづら）と外面（そとづら）の強調される意味の面の違いは,「窓 (window)」と「ドア (door)」という二次元の物体にみられたわけだが、同じことは三次元の物体である room, fireplace, pipe でも起こることである (Pustejovsky (1995: 91))。

語彙概念形変化のここでの最後の例として名詞 construction を考える。

(8) a. The construction was arduous and tedious.
　　b. The construction is standing on the next street. 　(Pustejovsky (1995: 95))

(8a) では,「建築 (construction)」という意味の原形の過程 (process) の面が表に出ていて,「建築作業（建てるという過程）は困難だし、退屈である。」という日本語に直せる。一方、(8b) では,「建築 (construction)」という意味の原形の結果 (result) の面が表に出ていて,「建造物はとなりの通りにある。」という日本語に直せる（過程名詞表現 (process nominal) と結果名詞表現 (result nominal) に

ついては Grimshaw（1990）も参照）．さて，ここで興味深いのは，この二つの基本タイプである process と result の両方をあわせたいわばドッティド（中黒）タイプ（dotted type）に当たる意味が「建築（construction）」にはあるという点である．たとえば，文学部という基本組織と文学研究科という基本組織の二つがあって，その二つの基本組織をあわせた組織を，よく中黒の点を用いて，文学部・文学研究科のように表すがごとくである．

(8) c. The house's construction was finished in two months.

(Pustejovsky（1995: 95））

(8c)は，「その家を建て終えるのに2か月かかった．」という日本語に直せるが，the house's construction は「建築作業」と「建造物」の両方を含んだ全体的な出来事になっている．家を建て終えたなら，そこには建てるという過程（process）と，建て終えているわけだから，できあがった家（result）の両方が含まれる．すなわち，(8c)の construction は「建築作業」・「建造物」として表すことができるドッティド（中黒）タイプである．

語彙概念形変化で捉えられるような意味の交替には，door にみられる内面と外面の交替など(9)に示した交替がある．

(9) a. Count／Mass の交替：例 lamb．Lamb は1匹2匹と数えられる動物としてのひつじと質量としてのひつじの肉とで交替．
   b. Container／Containee の交替：例 kettle．Kettle はやかんに水をいれた，では容器．やかんがわいた，では，容器の中身．
   c. Figure／Ground の反転：例 door．ドアが開いてできる空間の方が図．内面．ドアの実体が地．外面．
   d. Product／Producer の交替：例 Honda．ホンダ車とホンダ社．
   e. Plant／Food の交替：例 apple．りんごの木とりんごの実．
   f. Process／Result の交替：例 construction．建築の過程とできあがった建築物．
   g. Place／People の交替：例 New York．New York という場所と New York に住んでいる人．

(Pustejovsky（1995: 92）を提示のため一部改変)

今までみてきたある語がある文脈に収まったときに，その語の持つどの意味の側面が表に浮かびあがってくるのかを説明するのにも，また 3.1.2 以降のさまざまな意味現象を説明するのにも，極めて重要な役割を果たすのが，生成語彙論の体

系では，特質構造である．語の意味構造（lexical semantic structure）は，項構造（argument structure），出来事構造（event structure），特質構造（qualia structure），継承構造（inheritance structure）という四つの解釈レベルによって定義される（Pustejovsky（1995: 85），小野（2005），中野編（2012: 46-49）参照）．このうち特に重要なレベルが特質構造であり，それには，(10)で示される四つの役割が含まれる．

(10) 特質構造（qualia structure）
  1. Constitutive（構成役割）：物と物を構成している成分あるいは部品との関係
     ⅰ. Material（材質）
     ⅱ. Weight（重さ）
     ⅲ. Parts and component elements（部品と成分）
  2. Formal（形式役割）：ある物を（それよりも大きな領域において）他の物と区別する役割
     ⅰ. Orientation（方向）
     ⅱ. Magnitude（大きさ）
     ⅲ. Shape（形）
     ⅳ. Dimensionality（次元）
     ⅴ. Colar（色）
     ⅵ. Position（位置）
  3. Telic（目的役割）：物の目的や機能
     ⅰ. 主体がある行為を行う際に持っている目的
     ⅱ. 一定の活動を指定してしまうその活動に組み込まれている機能や目的
  4. Agentive（主体役割）：物がどうして生じたか，もたらされたかに関わる要因
     ⅰ. Creator（創造主）
     ⅱ. Artifact（人工物）
     ⅲ. Natural Kind（自然種）
     ⅳ. Causal Chain（原因結果の連鎖）

(Pustejovsky（1995: 85-86）を提示のため一部改変)

少し考えてみただけでも，(5a)の newspaper の「新聞社」という意味の側面を表に出すために，名詞 newspaper の主体役割が，(5b)の newspeper の「新聞紙」という意味の側面を表に出すために，名詞 newspaper の形式役割が，(5c)の newspaper の「新聞記事の内容」という意味の側面を表に出すために，名詞 newspaper の構成役割が，それぞれ役割を果たしていることがみてとれるであろう．

　また，(6a) の window の「窓を開けてできる空間」という意味の側面を浮かびあがらせるために，名詞 window の構成役割が，(6b) の window の「窓という物体自体」という意味の側面を浮かびあがらせるために，名詞 window の形式役割が，それぞれ役割を果たしていることがわかる．今述べたことは，(7a) と (7b) の door についても平行的にいえる．

　さらに，(8a) の construction の「建築作業」という意味の側面を表に出すために，名詞 construction の主体役割が，(8b) の construction の「建造物」という意味の側面を表に出すために，名詞 construction の形式役割が，(8c) の construction の「建築作業」・「建造物」というドッティドタイプ意味の側面を表に出すために，名詞 construction の主体役割と形式役割の両方が，それぞれ役割を果たしていることがみてとれる．

　以上，生成語彙論で重要な役割を果たす語彙概念形変化と特質構造についてみた（なお，語彙概念形変化に関しては前章 2.1.4 項の解説も参照されたい）．

3.2.2　下位タイプ強制

　下位タイプ強制という意味操作についてみる（Copestake et al（1993）参照）．(11) の例について考える．

　(11)　Mary drives a Honda to work.　　　　　　（Pustejovsky（1995: 113））

この文は，「メアリーはいつもホンダ車に乗って仕事場へ行く．」という日本語に直すことができる．なぜこのような解釈ができるのであろうか．この (11) の Honda をホンダ車として解釈できるのは，実は，下位タイプ強制という意味操作と名詞 Honda の特質構造との相互作用による．

　Honda には，「株式会社ホンダ」という意味側面と「ホンダ車」という意味側面との少なくとも二つがある．このうちの「株式会社ホンダ」という意味側面は，(10) でみた特質構造のうちの主体役割（株式会社ホンダは，ホンダ車を生産している主体である）が働いて表に出てくる意味側面である．他方，「ホンダ車」という意味側面は，(10) でみた特質構造のうちの形式役割（株式会社ホンダによって生産された生産物その物）が働いて表に出てくる意味側面である．Honda の意味側面はこのように少なくとも二つあるのに，(11) の文脈ではなぜこの二つのうち

の「ホンダ車」の意味側面だけに限られることになるのであろうか.

　Drive という動詞は，デフォルトとしてその目的語に乗り物（vehicle）という選択制限を課す．つまり，drive（運転）するものは通常「乗り物」に限られる．ここで，vehicle と car と「ホンダ車」の間には，下位タイプ関係（中野編（2012: 14-18, 32-34）参照）が成立しているが，vehicle と car と「株式会社ホンダ」の間には下位タイプ関係は成立していない．下位タイプ強制という意味操作は，動詞がデフォルトとして目的語名詞に課している選択制限に合うように，当該の動詞の目的語名詞句の解釈を強いる意味操作である．したがって，下位タイプ強制という意味操作が drive の目的語名詞である Honda を vehicle の下位タイプに合致するように強いるため，「ホンダ車」の意味側面が(11)の文脈では表に出てくることになり，「株式会社ホンダ」の意味側面は表に出ることはない．以上，固有名詞 Honda の特質構造と下位タイプ強制という意味操作の相互作用によって，(11)の文は，「メアリーはいつもホンダ車に乗って仕事場へ行く．」という日本語に直すことができることをみた．

3.2.3 補部強制

　補部強制という意味操作についてみる（Pustejovsky and Boguraev（1993），Pustejovsky and Bouillon（1995）参照）．(12)の例について考える．

(12) John began a book.　　　　　　　　　　　（Pustejovsky（1995: 115））

(12)を逐語的に「ジョンは本を始めた．」という日本語に直したとすると，明らかにいい足りなさを感じる．一歩進めて，ジョンは一体何を始めたのであろうか，と考えてみると，(12)のジョンが作家などではなくごく普通の人ならば，「ジョンは本を読み始めた．」のだろうと考えるのが普通である．ここでみたいい足りなさの部分を形にはあえて出さずに，意味解釈の方だけで補充し，付け加えて解釈するのが，補部強制という意味操作である．この補充を行うには，begin という動詞と begin という動詞が取っている項（argument）（この場合であれば，a book）との相互作用が絡む．つまり，普通，begin という動詞は意味的に行為を要求する動詞である（Pustejovsky（1995）はここで event（出来事）という術語を使うが，ここではわかりやすさのために，行為という術語を使うことにする）．一方，(12)において，動詞 begin の項である a book は物であるから，行為と物というこ

とで意味的にずれてしまう．この意味のずれを解消したいわけだが，このときに，名詞 book の特質構造（(10)参照）に含まれる目的役割を参照する必要が生じる．book の目的とは「人が本を読むこと」であるから，book の特質構造の目的役割には「人が本を読むこと」に相当する情報が書かれている．補部強制は，この情報を参照し，動詞 begin が要求している行為に合わせるように，「book という物」を「book を読む」というように強制的に解釈し直すことで，先程述べた意味のずれを解消する．よって，(12)は「ジョンは本を読み始めた．」と解釈され，いい足りなさは解消される．この解釈を形のうえでも忠実に表したのが，(13)である．

(13) a. John began reading a book.
　　 b. John began to read a book.　　　　　　　(Pustejovsky (1995: 115))

(12)のジョンが作家の場合を少しだけ考えてみる．このときには，book の主体役割を補部強制が参照することになる．本は作家によって書かれることで存在することになるので，「物がどうして生じたか，もたらされたかに関わる要因」の情報を与える主体役割（(10)参照）には，名詞 book の場合，「人が本を書くことで本は生じる」という情報があるので，補部強制により，(12)は，「ジョンは本を書き始めた．」という意味解釈が与えられることになる．

ここまでみてくると，本章のはじまりでみた(3)にまつわる問いにも答えが与えられる．(3)を(14)として再掲する．

(14) a. Mary enjoyed the movie last night.
　　 b. John quite enjoys his morning coffee.
　　 c. Bill enjoyed Steven King's last book.
　　　　　　　　　　　　（Pustejovsky (1995: 88) を提示のため一部改変）

動詞 enjoy も普通は意味のうえで行為を要求する．しかし，movie も coffee も book も行為ではないので，(14)でも「映画を楽しむ」，「コーヒーを楽しむ」，「本を楽しむ」では，いい足りなさを感じる．この場合もそれぞれの名詞の特質構造の目的役割に書かれている情報，「映画とは人が見るため」，「コーヒーとは人が飲むため」，「本とは人が読むため」という情報を補部強制が参照し，(14)の補部に出てきている物体を動詞 enjoy が要求する行為に合うように解釈し直し，行為の部分を解釈上加えることで「メアリーが昨晩映画を見るのを楽しんだ．」，「ジョンが朝のコーヒーを飲むのを大いに楽しんだ．」，「ビルがスティーヴンキングの最近

の本を読むのを楽しんだ.」という解釈がそれぞれ得られる.これらのそれぞれの解釈を忠実に形に表したのが,(15)である.

(15) a. Mary enjoyed watching the movie last night.
b. John quite enjoys drinking his morning coffee.
c. Bill enjoyed reading Steven King's last book.
(Pustejovsky (1995: 88) を提示のため一部改変)

最後に(16)を考える.

(16) a. Mary believes that he left. (S [+TNS])
b. Mary believes him to have left. (S [+INF])
c. Mary believes the book. (NP)
d. Mary believes John. (NP)   (Pustejovsky (1995: 118))

動詞 believe は,(16a), (16b)をみればわかるように,その補部に意味上,命題(proposition)を要求する.命題を典型的に表す統語範疇は S(entence) である(Grimshaw (1981) 参照)ので,それが補部に現れている(16a), (16b)は違和感がなく,(16a)と(16b)を逐語的に「メアリーは彼が出ていったと信じている.」と日本語に直してもいい足りなさを感じることはない.しかし,(16c)では,命題がくるべきところに物である名詞句の the book が生起している.

Believes the book という形にも違和感をおぼえるところがあるのだが,(16c)をそのまま逐語的に「メアリーは本を信じている.」と日本語に直すとなおさら違和感をおぼえざるを得ない.この違和感を取り除くには,名詞の book を動詞 believe が意味上その補部に要求する命題に合うように解釈する手立てを探さなければならない.補部に要求されている普通 S(entence) で表される命題に合うように,book という名詞の解釈を変えるわけであるから,この手立ても補部強制である.

Book はドッティドタイプの名詞で,物理的な物自体の本(形式役割)とその物理的な本を構成している情報(構成役割)を示すときがある.この後者の情報(information)はテキスト(text)の下位タイプであり,テキストは命題(proposition)の下位タイプである.よって,本は,本で書かれている内容と解釈することができ,本で書かれている内容はテキストと解釈することができ,本に書かれているテキストは命題と解釈することができるので,本で書かれている内容を命

題と解釈することは可能となる．そうであれば，動詞 believe の補部として生じた book を，本で書かれている内容と解釈すれば，その解釈は，動詞 believe が要求する命題を満足することになる．したがって，(16c)は，「メアリーは，その本で書かれている内容（情報）を信じている．」と解釈されることになる．この解釈により，「メアリーは本を信じている．」にあるいい足りなさは除去される．

(16d)を考える．(16d)もそのまま逐語的に「メアリーはジョンを信じる．」と日本語に直したのでは，やはりいい足りなさを感じる．(16d)の John を命題として解釈することはできるのであろうか．John が何らかの意思伝達手段でもって伝えようとしている命題と解釈することが考えられる．その意思伝達手段は普通であれば，「いう」ことであるから，(16d)を「メアリーはジョンのいっていることを信じる．」と解釈することになる．この解釈により，「メアリーはジョンを信じる．」にあるいい足りなさは除かれる．

実は，この意思伝達手段をしっかりと同定するには，百科事典的知識も関わってくることがある．

(17) a. Mary believes Daniel Schorr.
　　 b. Mary believes William Safire.

(Pustejovsky (1995: 122) を提示のため一部改変)

ダニエル・ショア（Daniel Schorr）はラジオを中心に活躍したジャーナリストなので，(17a)に「メアリーはダニエル・ショアがラジオでしゃべったことを信じている．」という解釈を与えれば，いい足りなさを感じずにすむ．同様に，ウイリアム・セイファイア（William Safire）は有名なコラムニストであるので，(17b)を「メアリーはウイリアム・セイファイアがコラムで書いていることを信じている．」と解釈すれば，いい足りなさを感じることはない．

注意せねばならないことは，(12)の begin が(13a)で begin reading の解釈を得ること，場合によっては，begin writing の解釈を得ること，(14a)，(14b)，(14c)の enjoy がそれぞれ(15a)で enjoy watching，(15b)で enjoy reading の解釈をそれぞれ得ること，(16c)と(16d)の believe がそれぞれ believe the information which the book contains と believe what John says の解釈を得ることは，begin，enjoy，believe という動詞がそれぞれ多義であるということにはならないということである．begin はいつも単義で「始める」であるし，enjoy はいつも単義で

「楽しむ」であるし,believe はいつも単義で「信じる」である.見かけ上これらの動詞が多義を獲得したかにみえるのは,実は補部強制という意味操作とそれぞれの動詞がとっている補部要素(この場合は,これらの補部要素がそれぞれの動詞の文脈に相当する)が相互作用することで生成(generate)されているにすぎないと生成語彙論では考えられているということである.

3.2.4 共合成

共合成という意味操作についてみる(Pustejovsky (1991),Atkins et al (1988) 参照).(18)について考える.

(18) a. John baked the potato.
  b. John baked the cake.　　　　　　　　　　(Pustejovsky (1995: 122))

(18)では,同じ「焼く」という動詞 bake が使われている.しかし,よく考えてみると,同じ「焼く(bake)」という動詞だが,(18a)の場合は,はじめからジャガイモは存在していて,そのジャガイモに熱を加えることで,ジャガイモが焼かれた状態に変化しているので,状態変化動詞としての「焼く(bake)」という動詞である.一方,(18b)の「焼く(bake)」という動詞は,最初は小麦粉とバターと砂糖と水などが混ぜ合わされたある固まりであったものが,熱を加え焼くことでケーキができあがるので,創造動詞としての「焼く(bake)」という動詞である.

 (18a)でも(18b)でも「焼く(bake)」という意味は共通にもっているわけだが,(18a)では創造動詞としての意味はないのに,(18b)で創造動詞としての意味が新たに加わるのは,実は,おもにそれぞれの動詞の文脈要素である目的語名詞の特質構造の主体役割((10)参照)の違いによると生成語彙論では考える.ジャガイモは自然種((10)参照)であって,それを焼こうとする段階ではすでにジャガイモとして存在している.それに対し,ケーキは人工物((10)参照)であって,焼く段階では,ケーキとしては存在していない.上で述べたように,何かの固まりとして存在しているだけである.焼いて初めてケーキが創造されることになる.この違いが,(18a)にはない創造動詞としての意味を(18b)に加えていることになる.(18b)の bake と cake のように,ある要素とある要素とがともに合体することで初めてある意味が新たに加わってくる意味操作を共合成という.

本章のはじまりでみた(4)にみられる現象も共合成という意味操作で説明される．(4)を(19)として再掲する．

(19) a. Willy wiggled. (Jackendoff（1990: 88））
b. Willy wiggled out of the hole. (Jackendoff（1990: 89））

(19a)と(19b)のそれぞれの解釈については，この章のはじまりのところを見返していただくことにして，ここでは繰り返すことはしないが，(19b)では，動詞 wiggle と前置詞句 out of the hole とがともに合体することで，(19a)にはなかった「ある経路を移動する」という意味が新たに生じていることに注意していただきたい（Talmy (1985), Levin and Rapoport (1980), Jackendoff (1990) 等参照）．これはここでみた共合成という意味操作によると考えられる．

(20)についても同様のことがいえる．

(20) a. The bottle is floating in the river.
b. The bottle floated into the cave.
(Pustejovsky（1995: 125）を提示のため一部改変)

場所句 in the river が生起している(20a)は，「瓶が川に浮いている．」という意味で，この場合「浮いている」だけで瓶が川の今ある場所で「浮いて」いさえすれば十分で，川を下流などにあえて移動して行く必要はない．ところが，(20b)のように，into the cave（洞窟へ）というような経路を示す前置詞句が付くと，瓶が「浮いている」のは(20a)と変わらないのだけれども，今度はとたんに瓶が洞窟の中へと移動することになる．つまり，(20b)では，動詞 float と前置詞句 into the cave が合体することで，(20a)にはなかった「ある経路を移動する」という意味が新たに生じており，その解釈は「瓶が浮かびながら洞窟の中へと流れて行った．」となる．行くという移動の意味が前面に出てきて，浮かぶという意味は背景化されることになる．この意味転換をもたらしているのはここでみた共合成という意味操作である．

ここでも注意しなければならないことは，「浮きながら流れて行く」という(20b)の融合的な意味は，float という動詞に語彙的にあるわけではなくて，float という動詞に into the cave という方向を示す前置詞句が加わることで共合成という意味操作を通して生じた派生的な意味にすぎないと生成語彙論では考えているということである．

3.2.5 選択的束縛

選択的束縛という意味操作についてみる（Bartsch (1985) 参照）．本章のはじめのところでみた(2)の例について考えることから始める．(2)を(21)として再掲する．

(21) a. a fast typist
  b. a male typist   （Pustejovsky (1995: 89)）

(21)における typist は同じ名詞であるが，(21a)の fast が修飾している typist の意味的側面と(21b)の male が修飾している typist の意味的側面はそれぞれ異なる（形容詞による名詞の修飾の見かけ上の多義の問題がここでは関わっている）．(21a)の fast が修飾している typist の意味的側面とは何であろうか．形容詞が名詞のどの意味的側面を修飾しているかを正確に同定するには，修飾される側の名詞の意味の中身をみる必要がある．ここで，typist という名詞の語彙表示のレベルの一つである特質構造（(10)参照）に含まれる目的役割に注目する．Typist の目的役割とは typist の働き，機能であるから，それは，「typist である人がタイプする」という出来事（event）である．実は，(21a)の fast という形容詞は，少なくとも見かけ上は typsit という個体（individual）を修飾しているかにみえるが，この形容詞 fast が真に修飾しているのは，今述べた目的役割に書かれている「typist である人がタイプする」という出来事である．したがって，a fast typsit の解釈とは，a typist who is fast at typing (Pustejovsky (1995: 128))「タイプする速度が速いタイピスト」と解釈されることになる．この場合,形容詞 fast は，それが修飾する名詞の特質構造のうちの目的役割に書かれている出来事を選択し（selective）て，そこを束縛し（binding）て修飾していることになる．形容詞が名詞のある意味側面を選択して束縛して修飾しているので，このような意味操作を選択的束縛という．

この選択的束縛という意味操作によって，(22)の評価形容詞 good の意味が説明される．

(22) a good knife   （Pustejovsky (1995: 129) を提示のため一部改変）

(22)でも，good は少なくとも見かけ上は，knife という個体を修飾しているかのようにみえる．しかし，good が真に修飾している knife の意味側面とは，この場合もまた, knife という名詞の語彙表示のうちの特質構造に含まれる目的役割に書

かれている出来事である．Knife の目的，働き，機能とは，「人が knife という道具を用いてある物を切ること」であるから，選択的束縛は，この目的役割に書かれている出来事を選択して束縛することになるので，形容詞 good はこの出来事を修飾することになる．よって，(22)の解釈としては，「よく切れるナイフ」という(23)の解釈が生成されることになる．

(23) a knife that cuts well　　　(Pustejovsky (1995: 129) を提示のため一部改変)

さらに，(24)を考える．

(24) a long record　　　(Pustejovsky (1995: 129) を提示のため一部改変)

(24)「長いレコード」って，レコードは円盤をなしているので，長いってレコードの何が長いの，と問題になる．この場合も，形容詞 long によって修飾される要素である名詞の方の意味特性から long が真に修飾しているのは何かが決まってくる．選択束縛は，この場合もまた名詞 record の特質構造の目的役割に書かれている出来事を形容詞修飾のターゲットとして選択する．Record の目的役割とは「the record playing (レコードがかかること)」であるから，long はこの出来事を選んで修飾することになるので，(24)の解釈としては，(25)に示した「かかる (演奏する) 時間が長いレコード」という解釈が生成される．

(25) a record whose playing time is long

　　　　　　　　　　　　　(Pustejovsky (1995: 129) を提示のため一部改変)

同様に，a long book とは，book の目的役割は「人が本を読むことである」から，選択束縛によりこの出来事が選択され，「人が読むのに長い時間がかかる本」ということになる．ここまでみてくると，本章のはじめのところでみた(1a)の a bright bulb の解釈も選択的束縛により説明されることがわかる．この場合も，選択的束縛は，bulb の目的役割に書かれている出来事を形容詞 bright が修飾するターゲットとして選択する．「電球 (bulb)」の目的役割とは，「光ること (で周りを照らすこと)」であるので，a bright bulb の解釈として(26)「明るく光る電球」が生成される．

(26) a bulb which shines brightly

　　　　　　　　　　　　　(Pustejovsky (1995: 130) を提示のため一部改変)

今までみてきた形容詞とは対照的に，(21b(=(2b)))の male は，typist という人自体を修飾している．すなわち，male という形容詞が修飾するターゲットとして

は，typsit という名詞の特質構造のうちの形式役割が選ばれている．よって，「男性のタイピスト」という解釈になる．同様に，(1b)の an opaque bulb においても，bulb の形式役割が，形容詞 opaque が修飾するターゲットとして選択されるので，「電球の外側のガラスが曇りガラスになっている電球」という解釈が生成される．

最後に，(27)の例を考える．

(27) an old friend　　　　　　(Pustejovsky（1995: 130）を提示のため一部改変)

(27)は，日本語に直すと「旧友」となるのが普通である．friend の目的役割とは friend の機能であるから「人が仲良くつき合うこと」である．Old はこの付き合いの期間が長いということを示しているので，「旧友」という解釈が生じる．つまり，old は friendship が長い期間続いていることを示している．(27)には，他方，「老人の友人」という解釈もなくはない．この場合 old は friendship を修飾しているのではなく，friend という個体（individual）自体を修飾している．つまり，friend の形式役割が選択されていることになる．この old の見かけ上の多義を生んでいるのも修飾される側の名詞 friend の特質構造と選択的束縛という意味操作との相互作用である．

以上，3.1 節では，語が持つ（見かけ上の）多義の問題を具体例に基づき生成語彙論の枠組で論じた．生成語彙論で重要な役割を果たす語彙概念形変化と特質構造を紹介し，意味を生成する四つの意味操作，すなわち下位タイプ強制，補部強制，共合成，選択的束縛を紹介した．

◆3.3　語の多義性と概念意味論

本節では，語の多義性に関して，具体例に基づきながら，概念意味論の考え方を Jackendoff（1990）の研究を中心に，紹介する．概念意味論では，各語の意味を捉えるために基本的に各語を語彙分解（lexical decomposition）する．すなわち，関数（function）と項（argument）に各語を分解する．したがって，逆の見方をすれば，各語は，関数と項の組合せからできていることになる．多義語の場合にも各語義を関数と項の組合せによって定義していくことになる．しかしながら，各語が持つ各語義をただ関数と項の組合せで記述していたのでは，各語義同士が一つの語の多義となっているという事実を捉えることができない．すなわち，

一つの語の各語義であるという語義同士の関係性を捉えることができない．そこで，言語事実に照らしながら，各語義同士をまとめる縮約表記法を開発し，それでもって縮約できるような語義同士は一つの単語の異なった語義であると捉えることを概念意味論では主張している．つまり，互いの語義をこの縮約表記法を用いてまとめあげることができればそれらの語義は一つの語の語義であることになるので，この縮約表記法でもって語の多義性を捉えることができると概念意味論では考える．概念意味論では，さらに，一つの語の多義性が生まれる原因として，項と関数の組合せは同じでも，その語が用いられている意味場の違いによっても多義語となる場合があると考えている．さらに，語を定義している優先条件がその語の各用法でどのように満たされているかによっても語の多義性が生ずることがあると考えている．本節では，これらを順に具体例に基づきながらみていくことにする．

3.3.1 語の多義性と縮約表記法

(28)から話を始める．前置詞の多義をみる．

(28) a. The mouse is under the table.
　　　b. The mouse ran under the table and stayed there.
　　　c. The mouse ran under the table into a hole in the wall.

(Jackendoff (1990: 72))

(28)における同じ前置詞 under の各意味について考える．(28a)は，「ネズミがテーブルの下にいる．」というのだから，ネズミはどこからかテーブルの下へ移動してくるわけではなく，始めからテーブルの下にいるわけだ．よって，(28a)の文はbe 動詞が使われていることからもわかるように，全体としては「ネズミがテーブルの下にいる」という状態 (state) を表していて，そのうちの under the table の部分は，ネズミがいる場所 (place) を示している．すなわち，前置詞 under の意味は，場所を示す関数 UNDER として捉えられる．Under the table では，その UNDER という場所関数が項である the table をとっていることになる (UNDER (x), 数学の f(x) に相当する)．そうすると，(28a)の前置詞 under の概念構造 (= 意味構造) は，(29)のように表すことができる．

(29)　[$_{Place}$ UNDER ([$_{Thing}$]$_j$)]

(Jackendoff (1990: 72))

3.3 語の多義性と概念意味論

(29)は，(28a)の前置詞 under が「下に」という場所を表していることを示している．[$_{\text{Thing}}$　]$_j$ のところに(28a)であれば，the table の解釈 TABLE が入ってくることになる．

同じ前置詞 under でも be 動詞ではなく，(28b)のように run（走る）という移動を示す動詞とともに使われると，今度は，状態ではなく，どこか他のところから「ネズミがテーブルの下へ走ってきて，そこに居座った．」という移動という出来事（event）を文全体が示すことなる．そして，(28b)の under the table はネズミが走る経路（path）を示し，その移動の着点（goal）がテーブルの下であることを示している．よって，(28b)の under the table の under の概念構造は，(30)のように示すことができる．

(30)　[$_{\text{Path}}$ TO ([$_{\text{Place}}$ UNDER ([$_{\text{Thing}}$　]$_j$)])]　　　　　(Jackendoff (1990: 72))

(30)は，(28b)の前置詞 under が「下へ」という経路を表していることを示している．生成語彙論のところでみたのと同じように，ここでも under という前置詞が動詞 be とともに使われるか，動詞 run とともに使われるか，すなわち，それが使われる文脈によって微妙にその意味が異なってきていることがわかる．

(28c)の前置詞 under はどうなるのであろうか．(28c)は(28b)と The mouse ran under the table の部分はまったく同じである．違っているのは，その後に，into a hole in the wall. がある点である．この表現が後ろに付くことによって，under の意味が，(28b)の場合と微妙に異なってくる．(28c)は，「ネズミがテーブルの下を通って（経由して）壁の穴へ入った．」わけだから，under the table はネズミが移動してくる経路であることは，(28b)と同じだが，今度は着点ではなくて，通過する，経由するところになっている点が(28b)と異なっている．この「通って，経由して」という経路関数を VIA で示すことにすると，(28c)の under the table の under の概念構造は，(31)のように示すことができる．

(31)　[$_{\text{Path}}$ VIA ([$_{\text{Place}}$ UNDER ([$_{\text{Thing}}$　]$_j$)])]　　　　　(Jackendoff (1990: 72))

(31)は，(28c)の前置詞 under が「下を通って（経由して）」という経路を表していることを示している．ここでも(28b)では TO になり，(28c)では VIA になるという多義を生む原因は，その文脈，and stayed there. がくるか，into a hole in the wall. がくるかという文脈の違いに左右されていることに気付く．

(28a)，(28b)，(28c)の under のそれぞれの概念構造は，(29)，(30)，(31)とい

(32) a.　　　　[Place UNDER ([Thing　　]j)]
　　 b. [Path TO　([Place UNDER ([Thing　　]j)])]
　　 c. [Path VIA ([Place UNDER ([Thing　　]j)])]　　　　(Jackendoff (1990: 72))

(32a), (32b), (32c)のように, 一つの語が持つそれぞれの意味をひとつひとつバラバラに記述し, それぞれの意味をまったく関係付けないのであれば, これら三つの意味が実は一つの語が持つ意味なのであるという語の多義性という事実を捉えたことにはならない. そこで, 概念意味論では, これら三つの語義を一つに折り畳めるような縮約表記法を提案し, そのような縮約表記法でまとめあげられるような多義は一つの語が持つ多義として自然なものであると主張する. (32)をみると, (32a)の意味が三つに共通していることがわかる. (32a)が前置詞 under のいわば核 (core) の意味である. (32b)の under の意味は(32a)の意味に, 随意的に TO という経路関数が外側に加えられてできている. 関数が外側に付く原因は何かといえば, be 動詞ではなく, run という移動を表している動詞が使われていることが原因である. つまり, 前置詞の文脈が原因となっている. (32c)の under の意味も(32a)の意味に, 随意的に VIA という経路関数が外側に加えられてできている. 外側に出るこれらの関数の随意性の部分を示すものとして破線の下線 .... を用いる. そして, VIA という関数を選んだら, TO という関数は選べず, TO という関数を選んだら VIA という関数を選ぶことはできない. この相互排他性の部分を示すものとしてカーリーブラケッツ {　　} を用いる. これらの縮約表記法を用いると, (32a), (32b), (32c)を(33)のように折り畳むことができる.

(33)　 {[Path TO　]　([Place UNDER ([Thing　　]j)])]
　　　　{[Path VIA]　([Place UNDER ([Thing　　]j)])]　　　　(Jackendoff (1990: 73))

(28)の前置詞 under に関して行ってきたこれまでの説明は, (34)の前置詞 over についてもそのまま平行的に当てはまる.

(34)　a. The plane is now over the city.
　　　b. The plane came over the city and started skywriting there.
　　　c. The plane flew over the city towards the mountains.
　　　　　　　　　　　　　　　　　　　　　　　　　(Jackendoff (1990: 72))

(34a)では飛行機が「都市の上に」いることなななるし，(34b)では飛行機が「都市の上へ」飛んでくることになるし，(34c)では飛行機が「都市の上を通って（経由して）」飛んでいくことになる．よって，三つのそれぞれの意味は(35a)，(35b)，(35c)の概念構造で表されことになる．ここでもまた，外側の随意的関数が加わる原因は，come, fly といった移動動詞が使われているという文脈にある．

(35)　a.　　　　　[$_{Place}$ OVER ([$_{Thing}$　　]$_j$)]
　　　b. [$_{Path}$ TO　([$_{Place}$ OVER ([$_{Thing}$　　]$_j$)])]
　　　c. [$_{Path}$ VIA　([$_{Place}$ OVER ([$_{Thing}$　　]$_j$)])]

(35a)，(35b)，(35c)も，一つの概念構造に(33)で用いた縮約表記法と同じ物で折り畳むことができる．

(36)　$\begin{cases} [_{Path} \text{ TO} \\ [_{Path} \text{ VIA} \end{cases}$　([$_{Place}$ OVER ([$_{Thing}$　　]$_j$)])]

次に，(37)について考えてみる．

(37)　a. Bill ran through the tunnel.
　　　b. Bill's house is through the tunnel.

(Jackendoff（1990: 73）を提示のため一部改変)

(37a)において，through the tunnel は，単純に，Bill が走って移動する経路に相当している．Through という前置詞は3次元の物体の中を通り抜けることを意味するので，経路関数 VIA と場所関数 IN を組み合わせることで捉えることができる．よって(37a)の through the tunnel という経路の概念構造は，(38)によって示される．

(38) [$_{Path}$ VIA ([$_{Place}$ IN ([$_{Thing}$ TUNNEL])])]

(37b)について考える．(37b)で Bill の家があるのは，トンネルを抜けた所であるから，トンネルを抜けるという経路が終わった場所ということになる．よって，(38)の経路表現の外側に場所関数（AT-END-OF）が加えられたものとなる．したがって，(37b)の through the tunnel という場所の概念構造は，(39)によって示される．

(39) [$_{Place}$ AT-END-OF ([$_{Path}$ VIA ([$_{Place}$ IN ([$_{Thing}$ TUNNEL])])])]

(Jackendoff（1990: 74）)

(28)の under と(34)の over は，場所（place）の外側に随意的な経路関数が加

わることで，多義が生じている例であったが，(37)は，その逆で，経路（path）の外側に随意的な場所関数が加わることで多義が生じている．(37)の through の二つの意味は，随意的な外側の関数を示す破線の下線によって，(40)に折り畳まれる．

(40) [₍Place₎ AT-END-OF ([₍Path₎ VIA ([₍Place₎ IN ([₍Thing₎]ⱼ)])])]

(Jackendoff (1990: 74))

(37)の through について述べてきた説明は，(41)の up と(42)の down にも平行的に当てはまる．

(41) a. Bill ran up the hill.
　　　b. Bill's house is up the hill. （Jackendoff (1990: 73) を提示のため一部改変）

(41a)では，Bill は経路 up the hill を駆け上がっているが，(41b)では，Bill の家は丘を上がる経路の終わりの所，つまり，丘を上がった所にある．(41a)の up the hill は経路．(41b)の up the hill は場所である．

(42) a. Bill ran down the road.
　　　b. Bill's house is down the road.
（Jackendoff (1990: 73) を提示のため一部改変）

(42a)では，Bill は道路を走って下っているが，(42b)では Bill の家は道路を下った所にある．(42a)の down the road は経路．(42b)の down the road は場所である．

次に，ある概念範疇の外側に随意的な概念関数が加わることで多義が生じる動詞の例を考える．

(43) The weathervane pointed north.

(43)の動詞 point には風見鶏が北を「指していた」，という状態の解釈がある．もう一つの解釈は，今述べた状態が最終状態になるように変化が起きるという起動（inchoative）の解釈，すなわち，風見鶏が北を「指した」という出来事の解釈がある．このとき, point という動詞は「方向を指している」という状態関数である ORIENT 関数で示される解釈と，「方向を指すようになる」という ORIENT 関数の外側に出来事関数である起動関数である INCH（OATIVE）が加えられた解釈とで多義となる．このため，(43)の文全体も状態を表すか出来事を表すかで，多義となる．(43)の状態としての解釈の文概念構造と出来事としての解釈の文概念構造を(44a)と(44b)のそれぞれに示す．

3.3 語の多義性と概念意味論　　73

(44) a. 　　　　　　[$_{State}$ ORIENT ([$_{Thing}$ WEATHERVANE], [$_{Path}$ NORTH])]
　　 b. [$_{Event}$ INCH ([$_{State}$ ORIENT ([$_{Thing}$ WEATHERVANE], [$_{Path}$ NORTH])])]
　　　　　　　　　　　　　　　　　　　　　　　　(Jackendoff (1990: 75))

(44a), (44b)から, WEATHERVANEとNORTHを削り取ってしまえば, pointという動詞の「方向を指している」という意味と「方向を指すようになる」という意味が得られるので, それぞれの意味は(45a)と(45b)で示される.

(45) a. 　　　　　　[$_{State}$ ORIENT ([$_{Thing}$ 　　]$_i$, [$_{Path}$ 　　]$_j$)]
　　 b. [$_{Event}$ INCH ([$_{State}$ ORIENT ([$_{Thing}$ 　　]$_i$, [$_{Path}$ 　　])$_j$])]

(45a)と(45b)の多義を破線の下線で示される縮約表記法を用いて折り畳むと(46)になる.

(46) [$_{Event}$ INCH ([$_{State}$ ORIENT ([$_{Thing}$ 　　]$_i$, [$_{Path}$ 　　])$_j$])] (Jackendoff (1990: 75))

(43)のpointについて述べた説明は, ほぼ平行的に(47a)のsurround, (47b)のstand, (47c)のcoverについても当てはまる.

(47) a. The enemy surrounded the city.
　　 b. Bill stood on the table.
　　 c. Snow covered the hill.　　　　　(Jackendoff (1990: 74))

(47a)のsurroundは, 敵が都市を「取り囲んでいた」という状態の解釈と, 敵が都市を「取り囲むようになった」という解釈の二つがある. (47b)のstandには「立っていた」という解釈と「立った」という解釈の二つがある. (47c)のcoverにも「覆っていた」という解釈と「覆った」という解釈の二つがある.

今度は, 相互排他的を示すカーリーブラケッツ{ }の縮約表記法を用いて折り畳まれる多義の例として, 動詞climbを考える.

(48) a. Joe climbed the mountain.
　　 b. Joe climbed down the lope/along the ridge/through the tunnel/etc.
　　　　　　　　　　　　　　　　　　　　　　　　(Jackendoff (1990: 76))

(48a)のclimbのように, 目的語として名詞をとった場合, climbはその名詞の頂上まで登った(TO TOP-OF)ということが含意される. それに対し, (48b)のようなさまざまな前置詞句で示される経路表現を取ったときには, その経路を移動すればよいだけで, 頂上までということは含意されない. つまり, climbは多義を示す. (48a)と(48b)のそれぞれのclimbの概念構造を示すと(49a)と(49b)になる.

(49) a. [$_{Event}$ GO ([$_{Thing}$]$_i$, [$_{Path}$ TO ([$_{Place}$ TOP-OF ([$_{Thing}$]$_j$)])])]

(Jackendoff (1990: 76))

　　b. [$_{Event}$ GO ([$_{Thing}$]$_i$, [$_{Path}$]$_j$)]

(49a)で，下付き文字のjはThingに付けられているので，(48a)であれば，MOUNTAINの解釈が入ってくる．そのときにPathの中身としてはTO ([$_{Place}$ TOP-OFが選ばれている．それに対し，(49b)で，下付き文字のjはPath全体に付けられているので，jで示されたところには，前置詞句で表された解釈が入ってくるだけである．(49b)のPathには，(49a)のPathに書き込まれているTO ([$_{Place}$ TOP-OFは書き込まれていないので，そのような意味は含意されることがない．ここで，(49b)のPathに付いているjを選んだら(49a)のTO ([$_{Place}$ TOP-OF ([$_{Thing}$]$_j$)])を選ぶな，(49a)のTO ([$_{Place}$ TOP-OF ([$_{Thing}$]$_j$)])を選んだら(49b)のPathについているjを選ぶな，という相互に排他的な関係を示すのに，{　}をjと([$_{Place}$ TOP-OF ([$_{Thing}$]$_j$)])のところに分けてそれぞれを囲む形で用いて(49a)と(49b)の二つの意味を一つの概念構造に折り畳むと，(50)となる．

(50) [$_{Event}$ GO ([$_{Thing}$]$_i$, [$_{Path}$ {TO ([$_{Place}$ TOP-OF ([$_{Thing}$]$_j$)])}]$_{\{j\}}$)]

(48a)と(48b)にみられるclimbの多義は，(50)で折り畳んで示すことができるような可能な多義であると概念意味論では主張していることになる．

3.3.2 語の多義性と意味場

意味場が違うために，語の多義が生じている例を考える．

(51) a. The bird went from the ground to the tree.
　　 b. The inheritance went from the professor to his student.
　　 c. The light went from green to red.
　　 d. The meeting was changed from Tuesday to Monday.

(Jackendoff (1990: 25-26) を提示のために一部改変)

(51a)，(51b)，(51c)では，同じ動詞goが用いられている．どのgoも移動を示している．(51a)では，鳥が地面から木へ移っている．(51b)では遺産が大学教授から学生に移っている．(51c)では，信号の色が青から赤に移っている．同じく移っているのだけれども，微妙に違っているところから，(51a)，(51b)，(51c)のgoは

3.3 語の多義性と概念意味論　　　　　　　　　　75

多義語ということになる.では,この場合何が多義性を生じさせているのか.(51a)では同じ「移っている」といっても「移っている」のは鳥の空間での位置である.(51b)では,「移っている」のは遺産の所有権である.(51c)では,「移っている」のは,信号の色の属性が青から赤に移っているのである.すなわち,「移っている」を示す動詞 go でも,(51a)では,go で表される移動という出来事が空間場(spatial field) という意味場 (semantic field) で起こっている.(51b)では,移動が所有場 (possessional field)で起こっている.(51c)では,移動が属性場 (identificational field) で起こっている.このように,同じ移動でもそれがどの意味場で起こっているかの違いにより,go の多義性が生じている.(51d)は change という go とは異なる動詞が使われてはいるが,この場合,移動は時間場 (temporal field) で起こっている.

概念意味論では,(51)の意味場の中では,(51a)の空間場が認知的には基本的な意味場であると考えている.それ以外は派生的な意味場である.このように具体的な意味場における出来事や状態から,抽象的な意味場における出来事や状態が派生されたという考えは,場所理論 (localistic theory) と呼ばれる意味論にみられる (Anderson (1971), Gruber (1965), Jackendoff (1972, 1990) 等参照).

3.3.3 語の多義性と優先規則体系

優先規則体系によって生じる語の多義という観点から 3.2.1 項でとりあげた動詞 climb を再び考察する.

(52) Bill climbed (up) the mountain.　　　　　　　(Jackendoff (1990: 35))

climb はよく「登る」と日本語に直すことからも,(52)のように,上に向かって (UPWARD) という意味を含むのが普通である.しかも,(52)の主語が人間である Bill が使われていることからもわかるように,手足を使ってよじよじと (CLAMBERING), という意味も同時に含むのが基本的用法である.しかし,いつもこの二つの条件を含んでいないと駄目かというと,そうでもない.(53)を考えてみる.

(53) Bill climbed down the mountain.　　　　　　　(Jackendoff (1990: 35))

(53)では,主語に Bill という人間が用いられているので,依然として,climb は手足を使ってよじよじと (CLAMBERING) という意味を含んでいる.しかし,

(53)では，down が付いているので，明らかにこの場合の climb はもう一方の条件である上に向かって（UPWARD）という意味は含んでいない．つまり，この時点で動詞 climb は微妙ながらも多義語となる．しかも，(53)の climb は，二つの意味条件を同時に満たした(52)の climb に較べると，一つの意味条件を欠いている分，特殊な用法となっている．

では，逆に，手足を動かしてよじよじと（CLAMBERING）という意味条件を落としてしまい，上に向かって（UPWARD）という意味条件だけを残しても climb は使えるかというと，使える．使えるには使えるのであるが，(53)と同様，(52)の典型的な意味からは，二つの条件の一つを欠いてしまった分，それ，特殊な意味となる．この時点で少なくとも，climb は3番目の意味を持つ多義語となる．(53)の主語の蛇には手足がないので，蛇は clamber できない．

(53) The snake climbed (up) the tree. (Jackendoff (1990: 35))

では，二つの条件を同時に欠いたらどうなるであろうか．つまり，蛇が下方に動いたらどうなるであろうか．さすがに，こうなったのでは，もう climb という意味が成り立たない．よって，(54)の容認可能性は極めて低くなる．

(54)?*The snake climbed down the tree. (Jackendoff (1990: 35))

動詞 climb の最も典型的な解釈は，UPWARD と CLAMBERING の条件を同時に満足している(52)の climb の解釈である．その解釈が一番安定している．そして，片方の条件を落とすと，その分，典型性が薄れる．それでも一応 climb の可能な範囲には収まる．二つの条件が同時に満足されたときが典型的となり，片方の条件を落とすと，その分，典型性が薄れるような条件の集合を，優先規則体系（preference rule system）という（Rosch (1978), Lakoff (1987) 参照）．そして，その集合を構成している各条件を優先規則（preference rule）あるいは優先条件（preference condition）という（優先規則体系による climb の多義分析の詳細については，Jackendoff (1985) 参照）．以上，本項では，優先規則体系によって生じる多義語の例として動詞 climb の振る舞いをみた（中野編 (2012: 65-68) 参照）．

以上，3.2節では，語が持つ多義の問題を具体例に基づき概念意味論の枠組で論じた．概念意味論では，語彙分解という操作が重要な役割を果たす．逆にいうと，各語は関数と項とから構成されているとみることができる．各語義を関数と項の組合せでもって記述し，各語義を縮約表記法を用いて折り畳むことができれば，

それら各語義は一つの語の自然な多義とみなしうることになることをみた．さらに，語の多義を意味場の相違が生じさせることがあること，また優先規則体系によっても語の多義が生ずることがあることをみた．

🔍 より深く勉強したい人のために

- Pustejovsky, James（1995）*The Generative Lexicon,* Cambridge, MA: MIT Press.

    生成語彙論（generative lexicon）のバイブルとでもいうべき本である．語の意味構造（lexical semantic structure）を項構造（argument structure），出来事構造（event structure），特質構造（qualia structure），継承構造（inheritance structure）という四つの解釈レベルによって定義する．特にこのうちの特質構造と意味操作を相互作用させることで，語の意味が持つ生成的側面を捉えている．理解するにはそれなりの訓練を受ける必要がある．本章の 3.1 節の記述もこの本に依拠している．小野（2005）の 1 章と 2 章にまとまった生成語彙論の解説がある．

- Jackendoff, Ray（1990）*Semantic Structures,* Cambridge, MA: MIT Press.

    生成文法の意味論である概念意味論のバイブルとでもいうべき本で，概念意味論を理解するうえでの中核的な一冊．Part I で概念意味論の基本的なメカニズムについて論じられ，Part II で意味の問題について詳しく議論され，Part III で意味と統語の対応について詳しく論じられている．本章の 3.2 節の記述もこの本に依拠してなされている．中野編（2012）の 3 章に，その一部の解説がある．

- Jackendoff, Ray（2002）*Foundations of Language,* Oxford: Oxford University Press.

    概念意味論も含め，ジャッケンドフが提唱する三部門並列モデルの概念基盤について詳述した大著．Part I では，これまでの生成文法の基本的な仮説を心理学や生物学の面から再検討している．Part II では，ジャッケンドフが提唱する三部門並列モデルを紹介し，そのモデルでの辞書の位置付け，言語処理にもたらす帰結，言語進化にもたらす帰結などについて論じている．Part III では意味論の心理学上の位置付け，本章とも関連が深い語の意味論，句の意味論，文の意味論について論じている．

- Ravin, Yael and Claudia Leacock eds.（2000）*Polysemy: Theoretical and Computational Approaches,* Oxford: Oxford University Press.

    編者 2 人による語の多義に関する概略が述べられた後に，理論言語学による多義語へのアプローチの仕方に関する論文が 6 編と，計算言語学による多義語へのアプローチの仕方に関する論文が 4 編収められている論文集である．語の多義を分析する研究者にとって，多角的な見方を与えてくれる内容になっている．

文献

小野尚之（2005）『生成語彙意味論』くろしお出版.
中野弘三（編）（2012）『意味論』朝倉書店.
Anderson, John M. (1971) *The Grammar of Case: Towards a Localist Theory*, Cambridge: Cambridge University Press.
Atkins, Beryl T., Judy Kegl and Beth Levin (1988) "Anatomy of a Verb Entry: From Linguistic Theory to Lexicographic Practice," *International Journal of Lexicography* 1: 84-126.
Bartsch, Renate (1984) "The Structure of Word-Meaning: Polysemy, Metaphor, Metonymy," in Fred Landman and Frank Veltman (eds.) *Varieties of Formal Semantics*, Dordrecht: Foris Publications, 25-54.
Copstake, Ann, Antonio Sanfilippo, Ted Briscoe and Valeria de Paiva (1993) "The ACQUILEX LKB: An Introduction," in Ted Briscoe, Valeria de Paiva and Ann Copstake (eds.) *Inheritance, Defaults and the Lexicon*, Cambridge: Cambridge University Press, 148-163.
Grimshaw, Jane (1981) "Form, Function, and the Language Acquisition Device," in Baker, C.L. and John J. McCarthy (eds.) *The Logical Problem of Language Acquisition*. Cambridge, MA: MIT Press, 165-182.
Grimshaw, Jane (1990) *Argument Structure*, Cambridge, MA: MIT Press.
Gruber, Jeffrey S. (1965) *Studies in Lexical Relations*, Doctoral dissertation, MIT.
Jackendoff, Ray (1972) *Semantic Interpretation in Generative Grammar*, Cambridge, MA: MIT Press.
Jackendoff, Ray (1983) *Semantics and Cognition*, Cambridge, MA: MIT Press.
Jackendoff, Ray (1990) *Semantic Structures*, Cambridge, MA: MIT Press.
Jackendoff, Ray (1997) *The Architecture of the Language Faculty*, Cambridge, MA: MIT Press.
Jackendoff, Ray (2002) *Foundations of Language*, Oxford: Oxford University Press.
Jackendoff, Ray (2007) *Language, Consciousness, Culture*, Cambridge, MA: MIT Press.
Jackendoff, Ray (2010) *Meaning and the Lexicon*, Oxford: Oxford University Press.
Jackendoff, Ray (2012) *A User's Guide to Thought and Meaning*, Oxford: Oxford University Press.
Lakoff, George (1987) *Women, Fire, and Dangerous Things: What Categories Reveal about the Mind*, Chicago: University of Chicago Press.
Levin, Beth and Tova. R. Rapoport (1988) "Lexical Subordination," *CLS* 24: 257-289.
Pustejovsky, James (1991) "The Generative Lexicon," *Cognition* 41: 47-81.
Pustejovsky, James (1995) *The Generative Lexicon*, Cambridge, MA: MIT Press.
Pustejovsky, James and Bran Boguraev (1993) "Lexical Knowledge Representation and Natural Language Processing," *Artificial Intelligence* 63: 193-223.
Pustejovsky, James and Pierrette Bouillon (1995) "Logical Polysemy and Aspectual

Coercion," *Journal of Semantics* 12: 133-162.

Ravin, Yael and Claudia Leacock eds. (2000) *Polysemy: Theoretical and Computational Approaches*, Oxford: Oxford University Press.

Rosch, Eleanor (1978) "Principles of Categorization," in Eleanor Rosch and Barbara B. Lloyd (eds), *Cognition and Categorization*, Hillsdale, N. J.: Erlbaum, 27-48.

Talmy, Leonard (1985) "Lexicalization Patterns: Semantic Structure in Lexical Forms," in Timothy Shopen (ed.) *Language Typology and Syntactic Description (vol.3): Grammatical Categories and the Lexicon*, Cambridge: Cambridge University Press, 57-149.

第4章 多義語の分析 II
——認知意味論的アプローチ

早瀬 尚子

◆ 4.1 はじめに

多義語分析は，意味論分野が取り組む現象のなかでも主要なものであり，以下のような問題意識を共通して持っている．
・語の意味をどのように扱うか
・どのように意味は産出されるのか
・意味はなぜ・どのように変化していくのか．
・どのようなモデル化で，母語話者の心的辞書のあり方や変化のプロセスを適切に反映できるのか．

本章では，このような現象が認知意味論の世界でどのように扱われているのかを，実例をもとに概観していく．

◆ 4.2 意味拡張のメカニズム

4.2.1 メタファー

一つの語であってもその表す意味は使われる状況や文により異なる．
(1) a. 彼の駅は駅に近い．
　　b. その二つの理論は互いに近い関係にある．
　　c. 彼がオリンピックに出る日も近い．
(2) a. The sun set <u>beyond the horizon</u>.
　　b. They continued talking <u>beyond midnight</u>.
　　c. His talk is always <u>beyond my understanding</u>.（彼の話はいつもわからない）
　　d. He has aged <u>beyond his years</u>.（歳以上に老けている）

4.2 意味拡張のメカニズム　81

それぞれ「近い」「beyond」という語を使う点では同じだが，それらが表す具体的な意味は厳密には異なる．同じ「近さ」でも(1a)では距離が近いことを，(1b)では人間関係の近さ，親密さを，また(1c)では未来の出来事の時間上の「近さ」を，それぞれ表す．同様に beyond も，(2a)では空間的に水平線を「超えている」ことを，(2b)では深夜を「超えている」ことを，(2c)は理解を「超えている」ことを，(2d)では年齢を「超えている」ことを，それぞれ表している．

　この状況を認知意味論では次のように考える．「近い」や「beyond」で基本的に表される構図はすべての意味で保持されているものの，その構図が「空間」「人間関係」「時間」「理解認識」などのさまざまな領域に適用されることで，異なる意味が得られると考えている．異なる領域に類似の構造が適用される現象は，従来メタファーと呼ばれる概念操作で，それを認知意味論では意味の多義を生むプロセスとして捉え直しているのである．

　ここで「構図」と呼ぶものは，認知意味論でイメージ・スキーマと呼ばれるものに相当する．イメージ・スキーマとは，対象となる関係性を何度も経験することから抽出され共有される，基本的な構造のことを示す（Lakoff 1980 など）．「近い」や beyond が表す状況は，それぞれ以下のようなイメージ・スキーマで表示される．

TR（トラジェクター）はその関係性の中で注目される対象を，LM（ランドマーク）はその TR を位置付けるための基準となるものを，それぞれ表している．〈近い〉のイメージ・スキーマは，対象物（TR）がその基準物（LM）からそう遠くない距離に位置付けられることを抽象的かつ簡潔に表している．〈beyond〉のイメージ・スキーマは，対象物（TR）が，見ているところから基準物（LM）を超えた向こう側に位置することを表している．そして，同じ表現に異なる意味が結び付けられるのは，このイメージ・スキーマがさまざまな領域に応用して適用する，メタファーという認知プロセスのためと考えられる．

4.2.2 メトニミー

メトニミーも語の多義に関わる概念操作である．英語の動詞 hear の事例をみてみよう．

(3) a. I hear a whisper. / I can't hear you.（聞こえる・聞こえない）
　　b. I heard my daughter's lesson.（子供の勉強をみてやる）
　　c. The school heard a case of bullying.（いじめ事件について調査した）

「聞こえる」「勉強をみる」「調査する」は一見互いに違う意味だが，いずれも言語表現の指示対象と，実際に意味していることとの間に，近接関係に基づいたずれがあるメトニミー現象だと捉えると関連性がみえてくる．「聞く・聞こえる」は聴覚器官を用いて音や人のことばを知覚することだし，「勉強をみてやる」も子供の勉強をみる過程でその応答や反応，理解度を聞く，と想定すると関連性が出てくる．また事件を調査する方法として「聴き取り・事情聴取」が考えられるので，そこにも「聞く・聞こえる」との関連性が見いだせる．つまり，(3b, c)ともに「聞く」がその一部となる複合的行為を表す関係になっている．このように，意味の多義にメトニミーが関わる事例も見つかるのである．

英語の前置詞 across が表す次の二つの意味の関係も，広義のメトニミーに基づく．

(4) a. He swam across the river.（川の向こうへ泳いで渡った）
　　b. He lives across the river.（川向こうに住んでいる）

(4a)では彼が実際に物理的に移動した結果，川の向こう側へ到達しているが，(4b)では実際の移動はなく，渡る基点から見て，川向こうへの移動経路を心理的にたどった結果の最終地点を示している．つまり(4b)は移動経路を全体と捉え，その経路の最終地点のみを部分的に焦点化した，部分－全体に基づくメトニミーと捉えられるのである．この現象は別名「最終地点の焦点化（end-point focus）」(Lakoff 1987) とも呼ばれ，次にみるように英語の他の前置詞 over / through / around などでも共通して確認できる．

(5) a. He walked {over the mountain / through the woods / around the corner}.
　　b. He lives {over the mountain / through the woods / around the corner}.

(5b)タイプではいずれも「（状況把握主体から見て）川の向こう・山を越えた・森を抜けた・角を曲がった」ところ，の意味となり，主体の居場所が意味の中に

暗黙に含まれている．このためこの現象は別名「主体化（subjectification）(Langacker 1990)」と呼ばれる．

4.2.3 シネクドキ
シネクドキとは，意味の抽象（上位概念）- 具体（下位概念）という，概念上での上下関係に基づく転義関係であり，これも語の多義に関係する．
(6) a. They bury pipes underground.（地下にパイプを埋設する）
　　b. He filled his pipe with tobacco.（パイプにタバコを詰める）
　　c. The organ needs repairing of some pipes.（そのオルガンはパイプを何本か修理する必要がある）

同じpipe（パイプ）でも，実際の指示対象はそれぞれ異なる．パイプとは一般に中が空洞になっている筒状のものを指す．しかし(6a)は下水などを流す目的で用いられるある程度の直径を持つものだが，(6b)はタバコを吸う目的専用で用いられる小さなサイズで特殊な形状のもの，(6c)はオルガンの音を出すための縦に伸びる大型のものとなる．つまり同じ「パイプ」でも実際に指示するのはその下位分類に当たる特殊例となっている．このように，概念上の上下関係で意味をずらすシネクドキを通じて多義が生まれてくることもある．

◆ 4.3　認知言語学での多義（1）

4.3.1　放射状カテゴリー
メタファー・メトニミー・シネクドキなどの転義のメカニズムは，一つの語の多義に複数関わっている．例としてairという語の事例を考えてみよう．
(7) Air
　　a. Fresh air / air pollution（空気）
　　b. The program is now on air.（放映中）
　　c. She is the sort of woman who puts on airs.（気取った雰囲気の女性）
　　d. He aired out rugs and mattresses outside.（外に干した）
　　e. The plans were aired at the conference.（計画が公表された）
　　f. sing an air（主旋律・ソプラノを歌う）
　　g. Air force / air service（航空）（『英語多義ネットワーク辞典』など（小学館））

(7b)は，(7a)の空気を特殊化した下位概念「放送媒体としての電波」を表しており，両者はシネクドキで関連付けられる．また(7c)もその人を取り巻いている空気が独特の「気取った雰囲気」という特殊な下位分類を表すことから，やはりシネクドキで(7a)と関連付けられる．一方(7e)の「公表する」は隠していたものを公の空気にさらす(7d)から転じたメタファーと捉えられる．また(7f)の「主旋律・ソプラノ」はメロディーパート内での最高音部という，音楽領域へのメタファーと考えられる．さらに(7g)は，空気のある高い位置のあたり，特に航空領域一般を表すことから，メトニミーで関連付けられる．これらの意義の関連性を放射状カテゴリーで表すならば以下の図のようになる（二重線（＝）はシネクドキ，一重線はメトニミー，破線はメタファーリンクを表す）．

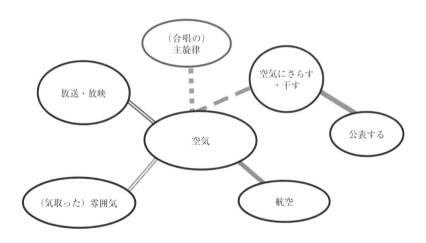

このように，中心的な意味をプロトタイプとし，そこからメタファー，メトニミー，シネクドキを介して作成されていくカテゴリーを，認知意味論では「放射状カテゴリー（radial category）」と呼ぶ．複数の意味間にみられる類似性は，放射状カテゴリー内でのネットワークにおける近さで表され，中心的なものほどプロトタイプに近く，周辺的なものほどカテゴリーの周辺に位置付けられる．さらにそれぞれの意味は，メタファー・メトニミー・シネクドキなどの動機付けに基づいた拡張によって生み出されると想定された．

4.3.2 分析上の留意点

このように，放射状カテゴリーによる多義モデルは応用性が高い．しかしながら，以下に述べるような問題点も指摘されている．

A. 何を中心義・プロトタイプとするべきか？
B. 何を異なる意義と認定すればよいのか？
C. 意義を関連付ける動機付けの区別（メタファー・メトニミー・シネクドキ）が不明確
D. 文脈などを考えると分類が変わってしまう

これらの問題点について，具体例の分析に基づいて，以降一つずつ検討する．

a. 中心義認定の問題

先の air では(7a)の大気・空気を中心義として設定した．しかしなぜこの意味なのだろうか．(7g)の「空一般の領域」を中心義だとみなしてはいけないのだろうか．中心義をどのように決めるべきかは，多義を記述説明するうえで重要な問題である．

中心義の認定基準はいくつか提案されている．たとえばタイラー＆エバンス (Tyler and Evans (2003)) は principled polysemy という考え方を提唱し，中心義と認定できる基準を仮説的に複数立てて，それらを複合的に数多く満たすものを中心義としてふさわしいものと捉えようとしている．彼らの提示する中心義の基準には，1) 歴史的な出現が最も早い，2) 複数の語義に共通してみられる意義である，3) 最も効率的に他の意義を結び付けられる，4) 対義語が存在する，などがあげられる．また，複数の意味の中で使用上の制約が少ないものを基本とみなすという考え方もある（籾山 2002）．

(8) a. やつはまだきていないのか／あいつはいいやつだ．〈人間〉
　　 b. *やつをもってきてくれ／一番大きいやつをくれ 〈物体〉

(9) a. ことが起こってからでは遅い／あんなことは二度とゴメンだ．
　　 b. まあ，きれいだこと．

「やつ」が〈人間〉を表す場合とはちがい，〈物体〉を表す場合には必ず修飾語が要求されるため，単独で生じることができて使用制約がかからない〈人間〉を表す「やつ」の方が中心義候補である．また，「こと」に関しても実際の〈出来事〉を表す(9a)の方が，特殊な場合に限り用いられる(9b)より中心義とみなされる．

また，コーパス言語学的な量的観点からみた当該語の頻度の高さ，および刺激を与えられたときに最も思い出しやすい意味かどうかや，子供が先に習得しやすい意味かどうかという心理学的な言語処理の基準，も中心義決定基準の候補となる．(8a)(9a)は(8b)(9b)よりも頻度も高く，先に想起されやすいため，この点でも中心義候補となる．

　こういった複数の基準で出される中心性が常に一致すれば問題は起こらない．しかし乖離する場合もあり，注意が必要である．たとえばatはat three (o'clock)などの時間の意味で用いられる頻度が高い一方，心理学実験で「atを用いた表現を作成するように」と問われると，at Osakaなど空間的・場所的な意味があげられることが多い．また歴史的に最も早い時期に出てきた意味が，現在すでに廃れている場合もある．また若者ことばでは「粉っぽい」「飽きっぽい」をもとに派生した「っぽい(＝らしい)」を単独で使うが，これは派生した形式の方が独立性も高く使用制約がかからないこととなり，基準とは矛盾している．

　特に乖離が起きやすいのは，その中心義認定の基準の性質が異なる観点を含む場合である．一つは話者からみてその心的辞書を反映する基本義とみなした場合の基準であり，もう一つは聞き手の理解のあり方を反映する基本義とみなした基準である（松本2009では，前者を「概念的中心性」，後者を「機能的中心性」と呼んでいる）．話者の側からみた中心義では，他の意味を最もうまく関連付けられるものが理想となるし，聞き手の側からみた中心義は最もよく使われ，それゆえに最も思い起こしやすい意味が理想となる．このように中心義の条件も大きく二つの視点に分けられる．中心義を決定する際にはこの両方の側面に目配りをしたものが最も理想的となる．

　以上を踏まえ，airの〈空気〉義が中心義として妥当であるか検討しよう．〈空気〉義はOxford English Dictionaryにおけるairの項目内で最も早い時期に出現していることが確認でき，かつ現在も用いられる意義である．また〈雰囲気〉義や〈放送電波〉義，また〈公表〉義は，それぞれ「人やモノにまつわる空気」「放送信号を伝達する空気」「空気にさらして人目にふれさせる」という解釈からもわかるように，〈空気〉義の特殊例あるいはそれを利用した行為とみなされる．つまり〈空気〉義は他の複数義にも共通してみられ，かつ他の意義を効率的に生み出す源と考えられる．また〈空気〉義のairには対義語としてのgroundが見いだせ

るが，他の意味ではこれという対義語を想定しにくいため，前者の方が中心義にふさわしい．また〈雰囲気〉義や〈公共電波〉義，〈航空領域〉義は〈空気〉義より使用上の制約がかかるため，中心義とは判定しにくい．たとえば〈雰囲気〉義の air は通例 an air of〜あるいは複数形という形式をとるし，〈放送電波〉義は on air という連語形式が圧倒的に多い．このような形式的制約は〈空気〉義には特にみられず，その分使用される状況も幅広く，頻度も高く，子供の習得も早くて大人が思い起こす度合いも高い．このように，概念的中心性および機能的中心性にまたがる多くの基準に照らして総合的に検討した結果，〈空気〉義を中心義とみなすことは妥当だと結論付けられる．

以上，中心義を決定するには，複数の基準や条件を照らし合わせて複合的に判断していく必要がある．その際，話者の立場から，および聞き手の立場からの規定の両者を満たしているか，などの検討もあわせて行うのが理想である．

b. 異なる意義の認定基準の問題

問題Bであげた「異なる意義（distinct sense）」をどう認定するかも重要な課題である．異なる意義とは，一つの形式に結び付く複数の意味と認定できるもので，かつ他の意味から文脈での推論で導くことができず，各々が独立した位置付けを与えられ，直接アクセスできる意味である．もし一方から他方の意味を推論で導けるなら，二つは多義関係ではなく，一つの意味つまり単義が具体的文脈で異なる現れ方をしたものとみなすことになる．

この問題に対しても，認定基準を明確に定めることで多義の数をできるだけ厳密に制限する試みがなされてきた．たとえば，共起語からの推論で導出される意味とされない意味を区別し，後者だけを異なる意義と認定することで，効率的に多義の数を限定しようとする学者もいる．over を例にとると，〈上方〉と〈経路〉の意味とは別義とされることが多いが，タイラー＆エバンス（2003）では〈経路〉義が(10a)のような bridge など細長い渡るべきものや，移動を表す動詞と共起したときにのみ生じる推論の結果としての意味にすぎないと断じ，独立義ではなく〈上方〉義の異なる現れとみなす．

(10) a. He walked over the bridge.
　　 b. He walked over the ice.
　　 c. He jumped over the lawn.

〈経路〉義は(10a)の組合せのときには得られるが，目的語や動詞を変えた(10b)(10c)では〈上方〉義しか得られない．つまり〈経路〉義は恒常的に安定して出てくるものではなく，〈上方〉義の範囲の中で，特定の目的語と動詞との組合せが満たされた特殊状況で初めて生じる含意と判断され，結果として(10)の例はすべて単義としての〈上方義〉とみなされることになる（ただ，この基準を採用するか否かについては議論が分かれている）．

一方で，もとの意味からの推論だったものが定着した結果，もとの意味が存在しないか関係ない状況でもその意味が得られる場合には，独立義としての地位を確立したとみなされる（Tyler and Evans 2003）．

(11) a. The plane is over the hill.〈上方〉
　　　b. The tablecloth is over the table.〈上方〉→ 覆い隠す
　　　c. The cloud is over the moon.〈覆い隠す〉

〈覆い隠す〉義はもとは(11b)の状況での〈上方〉義から得られる含意にすぎなかった．対象物の上にそれより大きなサイズのものが存在すればそれを覆い隠すことになる，という，〈上方〉の示す空間的位置関係を前提とした文脈状況から得られる語用論的な含意だったのである．この含意が語用論的強化（pragmatic strengthening）というプロセスを経て定着した結果，(11c)のように〈上方〉の位置関係が存在しなくても得られる独立した意義を得たと考えられる．

この手順にならい，(7)で扱った air の複数の意味が独立義とみなせるのか検討してみよう．in the open air（戸外で）や fly up into the air（空高く飛んでいく）の用例にみる「大気・外気・空」の意味は，〈空気〉義を部分とみなしてそれを含む周辺全体を表すことから，部分−全体のメトニミーを介している．しかしその意味は依然として〈空気〉義に即しており，そこから離れてはいないため，独立義ではない．一方，〈微風・そよ風〉義はことが少し複雑である．feel a slight air（微風を感じる）の意味では，〈空気〉義を保持しつつ状況においてその流れや移動が加わったと推論できるため，独立義ではないとみなすのが妥当である．しかし There's no air tonight（今夜は風一つない）という例文ではもともとの〈空気〉義が存在しないのに「微風・そよ風」の意味が単独で得られることから，この意味は独立義としての地位を確立したとみなされる．また〈航空〉義（air force / base / plane / travel）は，空気のある（広く高い）場所，の意味からは出てこな

い．むしろ航空機という特定の移動媒体を前提として意味が特殊化されているため，独立義と認定できる．また〈雰囲気〉義は対象物をとりまく空気からの転義だが，厳密には空気そのものではなく，空気から感じられる受け手側の印象を表している．また，He has no airs.（気取ったところがない）にみるように，必ず存在が前提とされるはずの空気が存在しない例もあることから，〈空気〉義から推論できる範囲を超えた独立義と認定できる．

さらに，字義通りの意義と比喩的意義とでは文法的な振る舞いが異なることが指摘されており（Deignan 2005, Hilpert 2006），これも独立義認定の基準とみなせる．たとえば〈雰囲気〉義では複数形（airs）やその雰囲気の詳細を示す an air of X 形式でもっぱら用いられる．また〈主旋律〉義も，{sing/play} an air など，およそ〈空気〉義では共起することのなかった音楽関連の動詞に限定して用いられる．このような特殊な振る舞いは，もとは異なる新しい意味を獲得したことの現れとみなすことができる．

c. 転義リンクの同定可能性

問題Cとして，意味が転用されていくリンクがメタファー・メトニミー・シネクドキのいずれなのかの同定が難しい事例があげられる．たとえば(7)の air の多義では〈空気にさらす（be aired）〉をもとに〈公開〉義（(be aired)）がメタファーリンクで捉えられていた．一方で，〈空気にさらす〉と〈人目に触れる（公開される）〉という二つの事態の隣接関係を重視すれば，メトニミーリンクと捉えることも不可能ではない．このように，転義リンクは一つに決まるとは言いがたいという問題をはらんでいる．

この問題は，メタファー・メトニミー・シネクドキが，そもそも互いに連続体を成す概念であることに由来する．

(12) いやぁ，息子は内弁慶なもので．

(12)がメタファーなのかシネクドキなのか，その判定は微妙である．「息子」は現実には「弁慶」ではないため，類似性に基づき異なるものにたとえるメタファーとも考えられる．一方，「弁慶」を「(内輪では) 傍若無人な性質を持つ人」の代表例と考えれば，シネクドキの例ともみなせる．このように，メタファーとシネクドキとは互いに近い関係にある．なお，メタファーはシネクドキを二重に適用したものと分解できるとする説もある（Group μ 1970, 佐藤 1982）．(12)のメタ

ファーも，息子→〈(内輪で)傍若無人な人〉という，種から類への抽象化によるシネクドキと，〈傍若無人〉→(典型例としての)弁慶という，類から種への具体化によるシネクドキを経た結果得られると考えられる．このように，メタファーとシネクドキとは互いに関連する概念であり，その区別が難しいことがある．

また，メタファーとメトニミーの区別がつけにくい例もある．

(13) この問題はすっかりこんがらがってしまった．

問題を類似性に基づき糸のように絡まったものと捉えている点ではメタファーである．一方で，糸がからまると誰しもそれをほどくのに相当な困難を覚える，という一般的な経験に基づけば，「困難だ」という評価が表現上での「からまる」に隣接して得られているともみなせるので，メトニミーとも考えられる．このように，二つの異なるモノや現象を，同じ場面状況で平行的に同時に経験することは，「経験的共起 (Conceptual Correlation)」と呼ばれ，多くのメタファーの基盤となっている (Radden 1999, Grady 1997 他)．つまりメタファーとメトニミーとは連続体を成しており，(13)はその中間的な例となる．

もう一つ，メトニミーかシネクドキかが区別しにくい例もあげておく．

(14) No more Hiroshimas (「ヒロシマは二度とゴメンだ」)

「原爆や核兵器は二度とゴメンだ」という意味にとるならば，「原爆が落とされた町」という知識に基づき，「ヒロシマ」がメトニミー的に「核兵器」に解釈されたと考えられる．一方，「ヒロシマのような戦争の悲劇は二度とゴメンだ」と解釈すれば，ヒロシマをその悲劇の典型的代表事例とするシネクドキの例とも考えられる．

最後に，同じ表現が文脈によって異なる解釈を受ける例をみておこう．

(15) a. 黒船の到来
　　　b. TPP は平成の黒船だ．

黒い船一般ではなく，幕末に日本に来航した特定の船を指している点ではシネクドキと考えられる．しかし，黒船に乗っていたペリーを代表とする使節団を指していると考えれば，メトニミーとなる．さらにおもしろいことに，外資系企業の算入や TPP 問題などを議論しているときに(15a)の発言をしたとすれば，状況の新しい転換を迫る分岐点を黒船が到来したことにたとえたメタファーとも解釈できる．((15b)のようにするとメタファーはより明確になる)．つまり，どのよう

な言語表現文脈に入れられるかによって，同じ表現がメタファーにもメトニミーにもシネクドキにも解釈される場合があり，多義のリンクの性質を一つに決定することがときに困難であることが示唆される．

◆ 4.4 認知言語学での多義（2）：スキーマとネットワークモデル

ここまでみてきた放射状カテゴリーは，プロトタイプに基づいて，基本的に水平方向に拡がる性質を持っていた．一方，スキーマ（schema）という上位概念を応用してカテゴリー化を考える流れがある．スキーマとは，カテゴリーに属するメンバーの共通性を抽出したものであり，概念上での抽象化によって得られる．本節ではスキーマに基づくネットワークモデルをとりあげ，抽象的な上位概念と具体的な下位概念との間に成立する垂直関係の多義を中心にみてみよう．また，現実の文脈のなかでどの意味がとりあげられているのか，そのプロセスについてもネットワークモデルでみていくことにしよう．

4.4.1 ネットワークモデル

ラネカー（Langacker（1987））は，プロトタイプとスキーマに基づく三角形のプロセスを基本とするネットワークモデルで多義性を捉えようとする．話者は新しい表現を，プロトタイプとの類似性に基づいてカテゴリーメンバーだと認定したり創作したりする．その際，同時に話者はプロトタイプおよび対象の表現との共通性をスキーマという形で取り出し，カテゴリーの適用範囲をネットワークの形で修正していくと考える．この考え方は，実際に言語表現が使用されるなかでカテゴリーが形成，拡張されていくとみなす，使用基盤モデル（Usage-Based Model）の基礎となる．

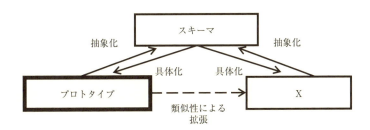

プロトタイプとして定着しているものと，何らかの点で類似しているけれども異なる表現 X が使われた場合，X はプロトタイプからの拡張例となる．この拡張関係を支えているのは「類似している」という認識である．このとき，カテゴリー関係は変化を受け，プロトタイプと X との両方に共通する抽象的特性を持つスキーマがその上位に抽出される．逆の方向性をたどればプロトタイプも X もともにスキーマを具体化する関係を持つことになる．このように，新しいメンバーに出会うごとに，カテゴリーは修正を加えられ，横の関係である拡張とともに縦の関係である抽象化が生じていくことになる．

このモデルでは多義の状況も動的に作成されるカテゴリーとして捉える．たとえば tea という語が表す対象は多岐にわたる．英国では「紅茶（black tea）」の意味がプロトタイプとして喚起される一方，oolong tea（烏龍茶）や green tea（緑茶）なども tea で表される．これらを学んだ話者の心的辞書内には，三つの共通性として「茶葉を熱湯で抽出する飲み物（tea'）」というスキーマが構成される．さらに似て非なる事例 herbal tea（ハーブティー）などに遭遇すると，それまでの意味とハーブティーとを包括するような，「植物の葉や茎，花を熱湯で抽出する飲み物（tea''）」という上位スキーマがさらに取り出されることになる．

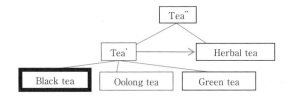

このように，話者の心的辞書内での tea の意味は，プロトタイプとしての紅茶をもとにスタートし，新たな事例と出会うことでそのカテゴリーを水平方向にも拡げ，かつ同時に共通性としてのスキーマを取り出すことで垂直方向にも拡げていくのである．

4.4.2　ネットワークモデルと多義・単義・同音異義

このネットワークモデルは多義現象の記述に効果的である．多義（polysemy）と同音異義（homonymy）の差や二つの曖昧性（ambiguity vs. vagueness），多

4.4 認知言語学での多義 (2)：スキーマとネットワークモデル

義と単義（monosemy）といった区分はすべて，連続性を成す現象として表せる (Tuggy 1993).

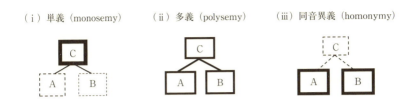

いずれも C は AB の共通性を取り出したスキーマを表す．囲みが太いほどその意味の定着度が高くアクセスされやすい単位であることを，破線であれば逆にほとんどアクセスされない単位であることを表す．定着度は程度問題であり，スキーマの定着度が高い単義の事例から，スキーマもその下位も定着度がある程度保証される多義，そして下位の意味単位が定着しているがそれをまとめるスキーマが定着していない同音異義までを，連続的な事象として表せる．

この考え方を air の多義に応用しよう．先ほど独立義の条件を検討した折に，〈空気〉義と〈雰囲気〉義とは独立義と認定したので，二つは多義を成すと考えられる．一方で「戸外」の意味は〈空気義〉からの推論で得られるため，特段独立義ではないと結論付けたので，二つは単義の下位分類と考えられる．この状況は以下のように示される．

図　AIR の多義構造 (1)

単義の場合，定着しているのはスキーマレベルの AIR' となる．われわれはまず上位の AIR' にアクセスし，それから文脈に応じて下位の詳細な意味にアクセスする．ただし下位の意味の定着度は一様ではなく，アクセスしやすいプロトタイ

プとそうでないものとがありうる．これに対し，多義を構成する図(b)の場合，上位スキーマは存在していてもあまり注意をひかず，むしろ下位の〈空気〉義，〈雰囲気〉義が直接アクセスされることになる．

　この多義と単義の違いは絶対的なものではなく，連続体を成す．例として〈微風〉義の具体事例をみてみよう．

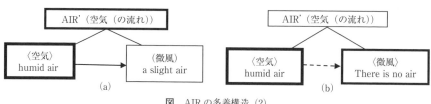

図　AIR の多義構造（2）

a slight air（風）は〈空気〉義に流れ・動きを付加した推論事例とみなせるため，これは独立義ではなく単義構造を成す．また同時に二つの意味を包含するスキーマ（「空気（の流れ）」）が取り出される．しかし，この推論が何度も繰り返し使用されると定着度を増し，もとの意義に依存する推論を介しなくても直接その意味にアクセス可能となる．実際，There is no air.（風がない）の例からは，推論の前提となる〈空気義〉が想定できない（「空気がない」という状況は非現実的である）．このため「微風」の意味は意義ネットワーク上で推論的依存関係が弱まり，直接アクセスされる独立した〈微風〉義となったと考えられる．つまり図 a の単義と図 b の多義とは定着度の差で示される連続体であり，その定着度が使用のなかで変化していくことが，このネットワークモデルでは示される．

　さらには，図(iii)の同音異義語とみなされる語も，民間伝承や文脈の助けによっては臨時的に関連付けられ得る．

(16)　a. John's ear（耳）vs. ear of corns（穂）
　　　b. Financial banks resemble those you find by river: they control, respectively, the flow of money and of water.（Tuggy 1993）

ear（耳）と ear（穂）は互いに語源が異なり，歴史的にも関連付けられないため，本来同音異義とみなされる．一方で二つを関連付けようとする民間伝承もあり，トウモロコシや麦の一部としての「穂」はいずれも〈飛び出ている〉〈垂れ下がっ

ている〉点で身体の一部としての〈耳〉と共通しているとみなす人もいる．この「共通性」が図(c)でのスキーマCとして意識されると，結果として ear は図(ⅱ)の多義に近づくことになる．同様に，bank（銀行）と bank（土手）は英語史上ではそれぞれ独立して借入された同音異義語であり，通常は図(ⅲ)の解釈がなされる．しかし(16b)のことばあそびのように，どちらも「流れを司るもの」という，通常は意識されないスキーマ的意味をアドホックにその場で創り出した場合，二つの語は図(ⅱ)の多義の形で互いに関連付けられる．

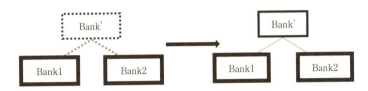

このように，現実には単義とも多義とも（そして場合によっては同音異義語とも）みなせる事例が，ネットワークモデルではスキーマの上位下位およびその定着度の違いによって，すべて連続体として説明できる．またカテゴリーが常に変化しうるものであること，人や文脈によってスキーマのありかたや定着度が変わり得ること，また使用頻度が低くなり使われなくなったものは次第に衰退する可能性があること，などの動的な側面も捉えられる．またスキーマは現実の使用に基づいてボトムアップ式で部分的にその都度作られるものなので，トップダウン的に与えられる規則とは異なり，むやみな過剰一般化を生み出さないことになるのも利点である．

4.4.3 ネットワークモデルとメタファー・メトニミー・シネクドキ

ネットワークモデルは単義と多義の区別を包括的に扱うことができた．ではメタファーやメトニミーなど，これまで一般的に意味拡張や多義を引き起こすメカニズムとされてきた概念およびその拡張リンクについてはどうだろうか．

まずメタファーについては問題なく扱える．このモデルでのプロトタイプと拡張事例との関係は類似性に基づいており，そのままでメタファー的拡張を扱っているとみなせる．

(17) a. 彼女は職場の花だ．

b. あの学級委員長はクラスの肝っ玉母ちゃんだ．

人間である彼女を「花」と，同級生を「母ちゃん」と同一視するのは，そこに何らかの類似性を見いだしているからである．その類似性はたとえば〈華やかなもの〉〈頼りになる人〉として，両者に共通して見いだされるスキーマという形で取り出すことができる．

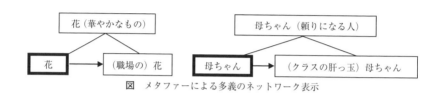

　　　　　図　メタファーによる多義のネットワーク表示

　このモデルでは，概念レベルでの上下関係であるシネクドキ現象も扱うことができる．
　(18) a.（種→類への抽象化）彼はこのクラスの名探偵コナンだね．
　　　 b.（類→種への具体化）花見客で大賑わい．
シネクドキは，ネットワークモデルの上下関係を利用しての意味の転化だと捉えられる．(18a)の「名探偵コナン」は〈謎解きが得意な人物〉などの抽象化された人物像を指示するための具体例として用いられる．また(18b)では「花」という抽象度の高い表現を用いることで，実質的にはその具体的な代表例「桜」を表す．この状況は以下のように表される．

　またネットワークモデルでは，メタファーとシネクドキとの中間例も扱うことができる．特にシネクドキのなかでも種で類を表す(18a)タイプの場合，「彼」を「謎解きが得意」という類似性に基づき「名探偵コナン」にたとえるメタファーだとも見なせる．つまり，「彼」から「名探偵コナン」への拡張の際，「謎解きが得意」という共通性がスキーマとして取り出されたとも考えられる．

4.4 認知言語学での多義 (2)：スキーマとネットワークモデル

メタファーとシネクドキが互いに密接な関係にあり，ときにはその同定が難しいという問題に対し，ネットワークモデルでは，その曖昧な関係をそのままに取り込んで表示できる．メタファーなのかシネクドキなのかは，このネットワークモデルのなかでの拡張関係に力点を置くか，あるいは上下関係に着目して考えるかの違いだと説明できるのである．

先にみた air の多義についても以下のようにネットワークで表示し直せる．

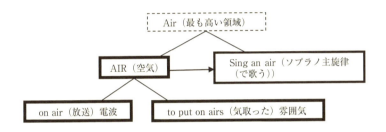

〈放送電波 (air)〉と〈雰囲気 (air)〉はそれぞれ〈大気 (air)〉を特殊化した下位カテゴリーであり，シネクドキ関係とみなされる．また〈ソプラノ主旋律 (で歌う) (sing an air)〉は合唱パート中最も高い旋律であることと，〈空気・大気 (air)〉が高い位置をも占めることとの類似性に基づくメタファー的関係にある．平面的に展開する放射状カテゴリーではメタファーかシネクドキかのリンクの違いを区別できなかったが，ネットワークモデルではその違いを表し分けられるし，リンクの同定がしにくい中間例も包括的に表示できる．

ただし，このネットワークモデルそのままではメトニミー的な拡張をうまく扱うことができないという問題点が指摘されている（瀬戸 2007，鷲見 2013）．

(19) a. シェークスピアを読んだ（→シェークスピアの戯曲）
　　 b. ヤカンが沸いたよ．（→ヤカンの中のお湯）

シェークスピアとシェークスピアの書いた戯曲との両方に共通するスキーマや，ヤカンとその中の水とに共通するスキーマをとりだすことは難しい．つまりメト

ニミー的転用が成されたときに，共通するスキーマが形成されるかどうかがきわめて怪しいのである．

Langacker (2008) は，ネットワークの図示とは別に，メトニミーをプロファイルシフトに基づく意味拡張の一つのメカニズムとみなして次のように図示している．

図　Langacker (2008: 250)

「ヒロシマ」で「原子爆弾」や「核兵器」を想起させるメトニミーの場合，「原子爆弾が落とされた町」という場所と事態との隣接関係をもとに，A（ヒロシマ）からB（核兵器）への拡張が成されたことになる．しかしラネカー自身，どのようにこのメカニズムをネットワークに組み込むかについてはふれていない．

ここでメトニミー拡張を許すのに重要な役割を果たすのは「ヒロシマに原爆という核兵器が落とされた」というフレーム知識である．図でいえばAとBの連鎖を含んだ全体的な囲みに相当する．話者はまずこのフレーム知識にアクセスし，それを踏まえたなかでの隣接性に基づいて転義を行う (cf. 西村 2008, 松本 2010)．つまりメトニミー拡張は従来のネットワークモデルにあるスキーマを抽出するタイプのものではなく，既存のフレーム知識を用いてその範囲内で拡張するものである．したがって，メトニミーをネットワークモデルに組み込むためには，このフレーム知識を取り込んで表示する必要がある．

たとえば air の多義に関して，メトニミー拡張は以下のように示される（Langacker の図の表示は簡略化している）．

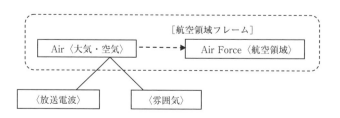

大気や空気のある領域を移動したり防衛したりする航空業界に対する知識がフレームとなり，air の転義・意味拡張が起こったと考えられる．

このフレーム知識は実はメトニミーに限らずネットワークのさまざまなところに複合的に関わる．その理由は，メトニミーがメタファー・シネクドキとも関わってくることとも関係する．air の〈放送電波〉義や〈雰囲気〉義は，〈大気〉義の特殊例としてのシネクドキ関係にあることから，図では上下関係のネットワークで示される．それぞれの語義が得られるのは，[公共放送フレーム] や [属性評価] フレームのなかで解釈されるからと考えられる．つまり三つの air の意味の関係は，単純なシネクドキ関係に加え，フレームも同時に考え合わせることで，より正確な表示が可能となる．

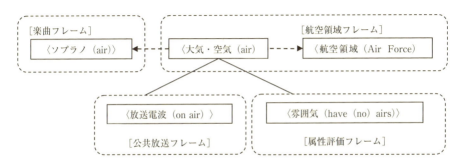

また「ソプラノ主旋律で歌う (sing an air)」というメタファーは，sing 等特定の動詞と共起したときに得られることから，[楽曲フレーム] という特殊な領域で用いられるときに得られる意味だと記述できる．

ここまでをまとめると，水平方向の転用のうち，スキーマは必ずしも取り出せないがフレーム内で転用されている例はメトニミー，スキーマを取り出し異なるフレームへ転用した例はメタファー，そして概念的上下関係における転用はシネクドキと，ネットワークモデルではそれぞれを区別することができるのである．

なお，フレームが複合的に関わる事例も考えられる．

(20) a. あの会社，まだ若いのに，生き生きとしていてかなり伸びているらしい．
　　 b. bull's eye（牛の目・ダーツや矢の的・的を射た表現，考え）

(20a) の「会社」は，「若い（〈従業員〉もしくは〈経営陣〉）」，「生き生きとしている〈風土〉」「伸びている〈業績〉」として解釈されるが，その意味解釈と会社との

関係はすべて，会社に対するフレーム知識の一部分に焦点を当てた，部分全体関係にあると考えられる（松本（2010: 38）を改変）．

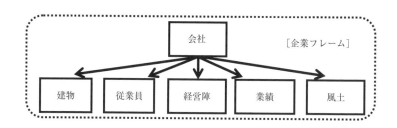

また(20b)はメタファーとメトニミーとが混在して多義になっている例である．的の中心を牛の目に見立てたメタファーをもとにしているとも考えられるが，一方で［ダーツの的フレーム］（ダーツがもともと牛の頭蓋骨を的に見立てその目をめがけて投げていた，という知識）をふまえれば，「牛の頭」と「的」とが経験的共起に基づいたメトニミーの例ともみなせる．さらに関連する［ダーツ行為フレーム］に基づいて，「的」→「的を射る（的に当てる）」という時間的に隣接したダーツ行為へとシフトさせることで，「(的に当たった状態＝) 当たり」というさらなるメトニミー的意味が得られる（ここでは所与のフレームを利用するのであり，新しいスキーマが取り出されるわけではないことに注意したい）．またさらにそこからダーツとは異なる会話などの領域にメタファー拡張して「それは的を射た考えだ」のような意味にも転用される．この一連の拡張は，以下の図のように示すことができる．

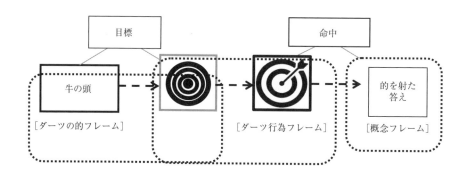

以上，ネットワークモデルでは，メタファーやシネクドキはそのまま取り込めるが，メトニミーも扱うためには，フレーム知識の表示を補う必要があることをみた．フレームをネットワークに取り込むことで，メタファー・メトニミー・シネクドキの階層性や中間的な事例をも扱うことができるので，放射状カテゴリーよりも精緻な表示が可能となる．ただし，複数のメカニズムを重複して表示することにより，ネットワーク自体の表示が複雑化，煩雑化していくことは否めない．この点については今後も議論が待たれる．

◆ 4.5 多義の発生と使用文脈：言語変化の観点から

これまで見てきた多義現象は，おもに語レベルでみられるものだった．しかし現実には，その語がどのような言語連鎖でどのような位置で使用されるか，をみて初めてその意味が理解できることも多い．特に歴史的な言語変化の現象では，その使用文脈を考慮に入れる必要がある．次はその例である．

(21) a. Granted, Granted. （わかった，わかった）
  b. "Speaking of which, I'd better go." （さて，もういかなくては）

ここでの granted は過去分詞形とはいえ，もとの動詞 grant とは独立した意味となる．また speaking of which はそれ全体で一つの意味を持ち，いとまごいを相手に知らせる機能を持つ．これらの意味はもとの grant や speaking などの表現だけをみていても関連付けは難しい．むしろどのような状況で用いられていたかという大きな文脈を考慮する必要がある．

(21)の例は，いずれも次のような分詞構文との関わりを持っている．

(22) a. *Granted* that he was honest, his sins never disappear. （彼が正直だということを認めたとしても，彼の罪は決して消えない）
  b. *Granted*, he was honest. However, his sins never disappear. （確かに，彼は正直だ．しかし彼の罪は決して消えない）
(23) a. *Speaking of* New Year, how did you spend your holidays?
  b. Well, we have to seek for an eligible bachelor. Speaking of which, I met a nice guy today.

これらの意味変化は分詞構文のなかで生じてきたものである．まず granted はもともと過去分詞として分詞節の補文を導く接続詞的な役割を果たしていた．特に

(22a)のように,「〜だとしても」という逆接的な関係, 譲歩として使われる. この従属節−主節という形式が, (22b)の等位接続へと変化するなか, granted だけが統語的に独立していく. その結果(22a)では単なる仮説の想定を導いていたのが, それ自体で話者本人に帰せられる心的態度(「確かに」)を表す表現となり(川端 2010), (22b)のように相手を認めてなだめる対人関係的な機能用法へと変化する (早瀬 2015a). この変化は grant の多義として捉えるより, granted という過去分詞形式に特有の, その使用環境との関わりで初めて理解される意味である.

speaking of which という成句の成立も, speaking だけではなく speaking of which 全体をみる必要, さらにそれが一部として用いられる全体的構文の影響をも考える必要がある. もとは(23a)のように speaking of X という形式で X が話題を表し, 対応する主節でその内容を展開していた. それが, (23b)のように X が代名詞化して which となり, 話題転換を表すようになった. これがもととなり, (23b)のように話題転換のなかでも「話の終結を切り出す」という対人関係的機能をも表すように変化したのである (早瀬 2014, 2015b).

以上の例に共通するのは, (21)の意味が, 分詞構文の一部として用いられていたという経緯を経て発展したことである. つまり, 語句の意味がそれ単独で変化して新しい意味を得るのではなく, それが用いられるもっと大きな文脈, 別の構文的な環境のなかで新たな意味を創発したのである. ここでは分詞構文という「全体」との関わりで, その「部分」としての granted/speaking of which が意味変化したと捉えられる例だった. つまり, 部分の意味変化を捉えるには他の構文とのメトニミー的な関連性も語義ネットワークの中に取り込んでいかなければならないことが示唆される. 語義ネットワークにはフレームを取り込む必要があると先に述べたが, このフレーム知識のなかにはその表現が生起する文脈環境という, 形式にも関わる側面も含まれているのである.

◆ 4.6 まとめ

以上, 認知意味論では多義を, プロトタイプを中心とした放射状カテゴリーを用いて, 語のさまざまな意味を有機的に関連付ける形で表示する. 加えて, スキーマを考慮したネットワークモデルでは, 複数の意味をその使用頻度に応じた定

着度の差異やネットワーク状の位置関係を利用して表示仕分けることができる．ただし多義の現状に照らしてのモデルの問題など，詰めるべき点も示された．今後の発展を待ちたい．

より深く勉強したい人のために

- 松本曜（編）（2003）『認知意味論』（シリーズ認知言語学入門 3）大修館書店．
  語の意味の多義のあり方について，認知言語学のさまざまな考え方を網羅的に扱っている，読み応えのある概説書．多義ネットワークの形成のされ方，メタファー・メトニミーとの関わりなどについて，豊富な実例を用いて解説されている．
- Tyler, Andrea and Vyvyan Evans（2003）*The Semantics of English Prepositions*, Cambridge: Cambridge University Press.
  Lakoff (1987) による over の先駆的分析の問題点を詳細に検討し，多義を認定するための客観的な基準を求めようとした野心的な試みである．それまでの研究の流れもよくわかるように紹介，検討されている．
- 森雄一・高橋英光（編著）（2013）『認知言語学　基礎から最前線へ』くろしお出版
  基本事項をまず押さえたうえで，応用編，最前線編と分かれてテーマが展開する形式をとっていて，対象読者の幅が広く想定されている．多義性についても 1 章を割き，本書で扱った多義のネットワークが持つ問題点などもより詳しく書かれている．

文献

佐藤信夫（1978/1992）『レトリック感覚』講談社．
佐藤信夫（1982）「転義あるいは比喩の形」『理想』595: 18-31（佐藤（1987）所収）．
佐藤信夫（1987）『レトリックの消息』白水社．
鷲見幸美（2013）「カテゴリー化とプロトタイプ」森雄一・高橋英光（編著）『認知言語学　基礎から最前線へ』くろしお出版，27-51．
瀬戸賢一（2007）「メタファーと多義語の記述」楠見孝（編）『メタファー研究の最前線』ひつじ書房，31-61．
瀬戸賢一（監修）（2007）『英語多義ネットワーク辞典』小学館．
田中茂範（1997）「第 I 部　空間表現の意味・機能」中右実（編）『空間と移動の表現』（日英語比較選書 6）研究社出版．
田中茂範（2004）「基本語の意味のとらえ方―基本動詞におけるコア理論の有効性―」『日本語教育』121: 3-13．
西村義樹（2008）「換喩の認知言語学」森雄一・西村義樹・山田進・米山三明（編）『ことばのダイナミズム』くろしお出版，71-88．
早瀬尚子（2014）「研究ノート：Speaking of which：懸垂分詞由来の談話標識化について」『英米

研究』38：59-69.
早瀬尚子 (2015a)「懸垂分詞をもとにした談話機能化について—granted の意味機能変化—」『言語研究の視座—坪本篤朗教授退職記念論文集』開拓社, 310-324.
早瀬尚子 (2015b)「懸垂分詞の構文化」第 33 回日本英語学会シンポジウム発表論文.
松本曜 (編) (2003)『認知意味論』(シリーズ認知言語学入門 3) 大修館書店.
松本曜 (2009)「多義語における中心的意味とその典型性：概念的中心性と機能的中心性」*Sophia Linguistica: Working Papers in Linguistics* 57. 89-99.
松本曜 (2010)「多義性とカテゴリー構造」『文と文法カテゴリーの意味』(ひつじ意味論講座 1) ひつじ書房, 23-43.
籾山洋介 (2002)『認知意味論のしくみ』(シリーズ・日本語のしくみを探る) 研究社出版.
森雄一 (2007)「隠喩・提喩・逆隠喩」楠見孝 (編)『メタファー研究の最前線』ひつじ書房, 159-175.
Croft, William and Alan Cruse (2004) *Cognitive Linguistics*, Cambridge: Cambridge University Press.
Deignan, Alice (2005) *Metaphor and Corpus Linguistics*. Amsterdam: John Benjamins. ［渡辺秀樹・大森文子・加野まきみ・小塚良孝 (共訳) (2010)『コーパスを活用した認知言語学』大修館書店]
Evans, Vyvyan and Melanie C. Green (2006) *Cognitive Linguistics: An Introduction*, Edinburgh: Edinburgh University Press.
Group μ (1970) *Rhétorique générale*. Paris: Librairie Larousse. ［佐々木健一・樋口桂子 (訳) (1981)『一般修辞学』大修館書店]
Hayase, Naoko (2015) "*Granted* from a Conjunction to a Discourse Marker: A usage-based development of (Inter) subjectivity" *International Cognitive Linguistics Conference* 11, July 23.
Hilpert, Martin (2006) "Keeping an eye on the data: Metonymies and their patterns," Stefanowitsch and Stefan Thomas Gries (eds.), *Corpus-based Approaches to metaphor and Metonymy*, Berlin: Mouton de Gruyter, 123-152.
Lakoff, George and Mark Johnson (1980) *Metaphors We Live By*. Chicago: University of Chicago Press.
Lakoff, George (1987) *Women, Fire, and Dangerous Things: How Categories Reveal about the Mind*, Chicago: University of Chicago Press.
Langacker, Ronald W. (1987) *Foundations of Cognitive Grammar, Vol.1*. Stanford University Press.
Langacker, Ronald W. (2008) *Cognitive Grammar: A Basic Introduction*. Oxford: Oxford Unviersity Press. ［山梨正昭 (監訳) (2011)『認知文法論序説』研究社]
Nikiforidou, Kiki, Sophia Marmaridou and George K. Mikros (2014) "What's in a dialogic construction? A constructional approach to polysemy and the grammar of challenge," *Cognitive Linguistics* 25(4): 655-699.

Taylor, John R. (2003) *Cognitive Grammar*. Oxford: Oxford University Press.

Taylor, John R. (2006) "Polysemy and the Lexicon," in Kristiansen G. et al. (eds.) *Cognitive Linguistics: Current Applications and Future Perspectives*, Berlin: Mouton de Gruyter, 51-80.

Taylor, John R. (2012) *The Mental Corpus: How Language Is Represented in the Mind*, Oxford: Oxford University Press.

Tuggy, David (1993) "Ambiguity, Polysemy, and Vagueness." *Cognitive Linguistics* 4-3: 273-290.

Tyler, Andrea and Vyvyan Evans (2003) *The Semantics of English Prepositions*, Cambridge: Cambridge University Press.

Radden, Günter (1999) "How Metonymic are Metaphors?" in Barcelona, Antonio (ed.) *Metaphor and Metonymy at the Crossroads: A Cognitive Perspective*. Berlin: Mouton de Gruyter, 93-108.

Radden, Günter and Zoltan Kövecses (1999) "Towards a Theory of Metonymy," in Panther, Klaus-Uwe and Günter Radden (eds.) *Metaphor in Language and Thought*, Amsterdam: John Benjamins, 17-58.

Seto, Ken-ichi (1999) "Distinguishing metonymy from synecdoche," in Panther, Klaus-Uwe and Günter Radden (eds.) *Metaphor in Language and Thought*, Amsterdam: John Benjamins, 91-131.

第5章 多義語の分析と語用論

井門　亮

◆5.1　はじめに

「多義（性）」と聞くと，辞書の見出し語の下に記載された複数の「語義」を思い浮かべるのではないだろうか．たとえば *bird* という語は辞書で次のように記載されている．

(1) **bird** n.
　　1 a. Any of the various warm-blooded egg-laying feathered vertebrates of the class Aves, having forelimbs modified to form wings. ［鳥］
　　　b. Such an animal hunted as game. ［猟鳥］
　　　c. Such an animal, especially a chicken or turkey, used as food: *put the bird in the oven*. ［食用の鳥］
　　2 See **clay pigeon**. ［クレーピジョン（標的）］
　　3 *Sports* See **shuttlecock**. ［(バドミントンの) 羽根，シャトルコック］
(*The American Heritage Dictionary* (5th Edition) から一部抜粋，括弧内は筆者)

伝統的意味論では，これらの語義のうち 1a. にある［鳥］が「原義」で，他の意味は「派生義」とされる．派生義の［猟鳥］と［食用の鳥］は狩猟や料理といった分野で用いられる意味で，［クレーピジョン］と［シャトルコック］は *bird* のメタファー的な意味である．いずれの意味も共有性（言語共同体の構成員の間で共有される度合い）が高いため，*bird* の語義として辞書に記載されている．

しかし，そういった辞書的意味だけでは，話し手が意図した意味を完全に確定できない場合もある．以下の例をみてみよう．

(2) a. As I worked in the garden, a *bird* perched on my spade.
　　b. *Birds* wheeled above the waves.

c. A *bird*, high in the sky, invisible, sang its pure song.　　(Wilson 2004)

(2)ではいずれも原義の［鳥］の意味で *bird* という語が用いられているが，それが生じる場面に応じて，より具体的で異なった種類の鳥のことをいっているのだと解釈される．たとえば，(2a)では庭で見かけるスズメなどの小さな鳥を，(2b)ではカモメやアホウドリなどの海鳥を，(2c)ではヒバリなどの空高くまで飛び美しい声で鳴く鳥を思い浮かべるだろう．しかし，これらの *bird* の解釈は共有性が低いため，辞書の記載には含まれていないのである．

　それでは次の例での *open*，「溶ける」，*raw* はどのように解釈されるだろうか．

(3)　*open* curtains / *open* one's mouth / *open* a book / *open* a bottle / *open* a road / *open* the mountain　　(Wilson and Carston 2007)

(4)　a. カチカチに凍ったアイスを室温で<u>溶かして</u>から食べる．
　　　b. こんなに暑いと体が<u>溶けちゃうよ</u>．
　　　c. 夕日が空をオレンジ色に染めながら水平線に<u>溶けていく</u>．

(5)　This steak is *raw*.　　(Carston 2002)

(3)からは同一の動詞 *open* を用いてさまざまな開け方を表すことができるのがわかる．つまり何に対して *open* という語が用いられているのかによって，それぞれより特定的な開け方として解釈されるのである．一方(4, 5)では「溶ける」と *raw* という語が，その本来の意味から拡張された意味で用いられている．たとえば(4a)は「固体が液状になる」という「溶ける」の原義に近いかもしれないが，凍ったアイスを「完全に液状にする」のではなく，「食べやすいように少しだけ柔らかい状態にする」ということを意味しているだろう．(4b)でも「溶ける」という語が使われているが，いくら気温が高いからといって人間の体が文字通り溶けてしまうことはありえない．この例では「溶ける」と表現することによって，暑くてたまらない状況を誇張しているのである．(4c)はもちろん「夕日が液状になっていく」といっているのではなく，夕日が水平線に沈んでいく様子を喩えているのだと理解できる．(5)についても，これがレストランで注文したステーキを食べようとしている場面で発せられたものだとすると，この発話にある *raw* という語が「まったく火が加えられていない」という文字通りの意味のままで解釈されることはない．聞き手は「中まで十分に火が通っていない」という意味で解釈するだろう．こういった(3-5)の解釈は，(2)であげた *bird* のさまざまな解釈に比べると共

有性が高いことから,その意味が辞書に記載されていることもある.しかし辞書である程度説明されていても,その解釈には辞書の記述ではカバーしきれない部分があるのも確かだろう.

◆ 5.2 語彙語用論とは

　それではどのようにして聞き手はある語からさまざまな解釈を導き出しているのだろうか.単純な答えとしては,その語が用いられたコンテキスト(context)に基づいて,話し手の意図した意味を推論しているということができるだろう.語用論(pragmatics)を「コンテキストを考慮に入れた意味を扱う領域」と捉えるなら,これまで語用論研究の中心課題とされてきた談話や文レベルでの解釈だけでなく,語が実際に伝達する意味の解釈に関しても語用論で扱うべき課題となるのである.

　この点について関連性理論(relevance theory)を中心に,聞き手は語によって記号化された意味をコンテキストに応じて調整し,話し手の意図した意味を解釈するという主張が展開され,語彙概念の語用論的解釈を扱う領域を語彙語用論(lexical pragmatics)と呼んでいる.語彙語用論では,従来のような語義とそれ以外の意味という区別をするのではなく,語によって伝達される意味は,記号化された概念とコンテキストの相互作用から生じるものとして扱う.派生義についても,そういった語用論的解釈プロセスがルーティン化されて定着したものと説明するのである.語の意味に関してこういったアプローチを採る理由として,実際の発話では,上でみたようにコンテキストに応じて辞書に記載された語義からさまざまにずれた意味が伝達される場合があることに加え,語の意味拡張や通時的意味変化を説明するうえで優れた説得力を持つこともあげられるだろう.

　語彙語用論の目的は,「ある語を用いて伝達された概念と,その記号化された概念は異なる場合が多いという事実を説明すること」(Wilson 2004: 344)にある.つまり,語と語が記号化する概念の関係を検討する語彙意味論(lexical semantics)とは異なり,語彙語用論は,ある語を使って実際に話し手が伝えようと意図した意味と,その語が記号化する意味の間にあるずれを聞き手はどのように調整して解釈しているのか,その仕組みを解明しようとしているのである.

この語彙語用論の目的をより具体的に表したのが，Wilson and Carston（2007: 244）であげられている語彙解釈に関する次の四つの疑問である．

(6) a. 語によって記号化された意味のままで解釈するのではなく，何がきっかけとなって語彙的調整（語の記号化された意味から話し手の意図した意味への推論）が行われるのか？
   b. 何がその調整プロセスのたどる方向を決定するのか？
   c. 具体的にその調整プロセスはどのように機能するのか？
   d. どこまでその調整を行うのか？

Wilson and Carston（2007）は，この四つの疑問に語彙語用論は答えなくてはならないとしている．これらの疑問を念頭に置きながら，本章ではコンテキストに基づいて語彙解釈が行われるさまざまな事例を紹介するとともに，その解釈プロセスについて語彙語用論の立場から検討していく．その際に鍵となるのは以下でみていく関連性（relevance）という概念である．

◆5.3 関連性と発話解釈

　Sperber and Wilson（1995）で提案されている関連性理論は，不十分な情報しか記号化していない発話から，聞き手はどのように話し手の意図した意味を推論しているのか，その解釈プロセスの解明を目指した理論である．関連性理論での「関連性」という概念は，認知効果（cognitive effect）と処理労力（processing effort）によって定義されている．まず認知効果とは，あるコンテキストにおいて情報（発話）を処理することによって得られるもので，その発話が，① 既存の想定を支持し強化する場合，② 既存の想定と矛盾し誤った想定を放棄する場合，③ 推論を通して既存の想定と相互作用し新たな結論（文脈含意（contextual implication））を導き出す場合に生じる．そして，ある発話が認知効果を生む場合，その発話はそのコンテキストにおいて「関連性」があり，「他の条件が同じであれば，認知効果が高ければ高いほど関連性は高い」と規定されている．しかし認知効果は無償で得られるものではなく，発話を処理するためにはいくらかの心的な労力が必要となる．そういった情報を処理する際に要する労力のことを処理労力と呼び，その情報が，最近使われたかどうか，頻繁に使われるかどうか，言語的・論

理的に複雑かどうかなどの要因が影響する．そして「他の条件が同じであれば，処理労力が低ければ低いほど関連性は高い」と規定されている．

　認知効果と処理労力の観点から関連性理論では，聞き手が発話から期待できるのは，「その発話は少なくとも処理するに値するだけの関連性を持っている」，「その発話は話し手の能力と選択が許す範囲内において最も高い関連性を持っている」という二つの見込みからなる最良の関連性の見込み（presumption of optimal relevance）であると考える．そしてこの見込みに基づき，発話解釈の原理として関連性の伝達原理（Communicative Principle of Relevance）が提唱されている．

(7) 関連性の伝達原理

　　すべての意図明示的伝達行為は，それ自身の最良の関連性の見込みを伝達する．

ここにある「意図明示的伝達行為」の代表例としてあげられるのは発話である．そうすると関連性の伝達原理が示しているのは，「発話をするということは，それ自体「私の話を聞きなさい．貴方の認知環境改善につながる情報が，解釈のための不必要な努力を払うことなしに得られますよ」といっていることに他ならない（今井 2015: 62)」ということになるだろう．このことから，話し手の意図した意味を見つけるために聞き手がたどる解釈の手順として，関連性理論に基づく理解過程（relevance-theoretic comprehension procedure）が導かれるのである．

(8) 関連性理論に基づく理解過程

　　a. 認知効果を計算しながら，処理労力が最小になるような道をたどり，接近可能な順序で解釈（曖昧性除去，指示対象の決定，推意など）を吟味する．
　　b. 関連性の期待が満たされたら，そこで解釈を打ち切る．

関連性理論では，曖昧性除去（disambiguation），指示対象の決定といった発話の明示的意味である表意（explicature）を得るための推論や，非明示的意味である推意（implicature）を解釈するための推論，コンテキストの選択といった発話解釈に必要なすべての側面について，この手順が適用されるとしている．したがって本章で検討していく語の語用論的解釈に対しても，この手順が関わってくることになるのである．

　それでは関連性理論に基づく理解過程に沿って，聞き手はどのように話し手の意図した意味を解釈するのだろうか．以下の例をとおして，本章での議論と密接に関係する表意の復元を中心にみていくことにしよう．

5.3 関連性と発話解釈

(9) a. *She* went to the *bank.* (→*Jane Smith* went to the *financial bank.*)
   b. 彼は若すぎるよ．(→佐藤一郎は結婚するには若すぎるよ．)
   c. *You* are not going to die.(→*Hanako Tanaka* is not going to die *from that cut.*)

表意とは，発話を記号解読して得られた解読的意味を推論によって発展させた解釈のことである．(9)の発話からそれぞれ括弧内に示した表意が復元されるとすると，その発展には，曖昧性除去，飽和（saturation），自由拡充（free enrichment）という推論作業が含まれることになる．まず曖昧性除去とは，「銀行」と「土手」という意味を持つ(9a)の *bank* のような曖昧な語について，話し手の意図した意味を選択することである．飽和には，(9a-c) の *She*,「彼」，*You* がそれぞれ誰を指すのか指示対象を決定することに加え，(9b)で話し手が「何をするには若すぎる」といっているのかといった，発話で使用されている言語形式が要求する値をコンテキストから充塡することが関わる．そういった飽和とは異なり，言語形式にとらわれない要素を補うことを自由拡充という．たとえば(9c)が転んで擦り傷を作って泣いている花子に対する発話であれば，「そのぐらいの傷で死ぬことはない」と話し手はいっているのだと推論するような場合である．さらに関連性理論では，これら三つの推論作業の他にも，表意を解釈する際に，アドホック概念構築（ad hoc concept construction）という語レベルでの推論が行われる場合があるということを指摘している．つまり(2-5)でみたような語の解釈は，発話の明示的意味のレベルに関わるものと捉えているのである．

こういった表意解釈のための推論は，その発話が生じたコンテキストにおいて，少ない処理労力で十分な認知効果が得られるように進められる．言い換えれば，聞き手は(8)の理解過程に沿って，関連性の期待を満たす解釈を求めていくのである．その際には，表意・文脈想定・推意の相互調整（mutual adjustment）が行われていると関連性理論では考えている．つまり発話解釈は，まず記号化された意味から表意を復元し，そして推意を引き出すという順番で必ずしも行われるわけではないのである．このことは，推意が表意よりも先に解釈されたり，それらが同時に復元されたりするということを意味する．たとえば(9c)は，上であげたコンテキストでは，「泣くのをやめなさい」といった推意が先に解釈され，その内容と調整しながら話し手の意図した表意が復元されるように思われる．

次節では，表意を解釈するために行われる推論のなかでも，語彙語用論で中心

的な役割を果たすアドホック概念構築に焦点を当て，具体例とともに語彙解釈のプロセスについて考察していくことにする．

◆5.4 アドホック概念構築

関連性理論における語彙語用論の議論では，上で述べたとおり，語レベルでの解釈にも関連性理論に基づく理解過程が関わると主張されている．つまり語の解釈の際に，聞き手は関連性の期待を満たすような解釈を求めて推論を行い，コンテキストに応じて記号化された概念を調整すると考えているのである．そういった語用論的にその場その場で構築される概念のことをアドホック概念と呼ぶ．アドホック概念構築は，記号化された概念を狭めて解釈する語彙的絞り込み (lexical narrowing) と，緩めて解釈する語彙的拡張 (lexical broadening) に分類される．

なお以下の分析では，記号化された概念と区別するために，アドホック概念は，英語表記の場合 CONCEPT*，CONCEPT** のように概念を大文字にして右肩にアスタリスクを付け，日本語の例では ［概念］*，［概念］** という表記を使用する．アスタリスクの数の違いは異なったアドホック概念であるということを示す．

5.4.1 語彙的絞り込み

それでは語彙的絞り込みから検討していくことにしよう．次の(10)は，(2)の *bird* や(3)の *open* のように，コンテキストに応じて記号化された語の意味が狭められ，より特定的な意味で解釈される例である．

(10) a. I want to meet some *bachelors*. (Carston 2002)
　　 b. 太郎は男だ．
　　 c. 晩ご飯は，肉と魚とどっちがいい？
　　 d. せっかくだけど，仕事が忙しいんだよ．

まず(10a)にある *bachelor* 自体の意味は，「結婚していない成人男性」というものである．言い換えれば，結婚していない成人男性であれば，どのような人でも含まれることになる．しかし，たとえばこの発話が結婚を考えている女性によるものだとすれば，「誰でもいいから独身の男性に会いたい」ということを意図しているのではなく，「結婚相手としてふさわしい独身の男性に会いたい」といってい

るのだと聞き手は理解するだろう．つまり，記号化された *bachelor* の概念を狭めて，「結婚に適した年齢で，話し手の好みにあうような未婚の成人男性」といった意味の BACHELOR* として解釈するのである．なぜならそのアドホック概念を含む表意が，たとえば聞き手の持っている「話し手は結婚したがっているようだ」という想定を強化したり，文脈含意として「話し手は BACHELOR* の特性を備えた友人を紹介してほしいと思っている」という新たな結論を導き出したりすることで認知効果を生み，関連性のある解釈となるからである．

　次の(10b)にある「男」という語を記号化された意味のまま解釈すると，話し手は「太郎は男性である」というわかりきったことしかいっていないことになる．そういった自明な解釈では認知効果が得られず関連性はない．そのため聞き手は関連性のある解釈を求め，コンテキストに応じてある特定の性質を持つ［男］* に狭めて解釈することになる．そして，たとえば「太郎は決断力のある男だ」や，「太郎は勇気のある男だ」といった表意が復元されるのである．

　(10c)の「肉」と「魚」についても，これらの語が夕食に関する発話で用いられていることから，聞き手はそういったコンテキストで処理労力が少なくてすむような解釈を行い，それぞれ「（牛肉・豚肉・鶏肉などの）食用の肉」に狭められた［肉］* と，「食用の魚」に狭められた［魚］* というアドホック概念を構築するだろう．コンテキストによっては，さらに「（焼肉・すき焼きなどの）肉料理」や，「（焼魚・刺身などの）魚料理」にまで狭められる可能性もある．もちろん同じ「肉」や「魚」という語であっても，たとえば「40歳を過ぎてからお腹の周りに肉がついてきた」や，「水槽の魚にエサをあげて」といった発話では，また別の意味で解釈されることになる．これは，前者では「人間の体についた贅肉」という意味の［肉］** に，後者では「金魚などの魚」という意味の［魚］** に絞り込まれるからである．このように，それぞれのコンテキストで関連性のある解釈を求めてアドホック概念を構築することによって，同一の語でもさまざまな意味で解釈されるのである．

　最後の(10d)にある「忙しい」という形容詞には，さまざまな程度や持続性が考えられる．そのためコンテキストに基づいて，以下に示すようなより具体的な程度や持続性を伴った忙しさとして解釈されることになる．たとえば，この発話が次郎を2泊3日の旅行に誘ったときのものだとしよう．そうすると聞き手は，

「せっかくだけど」という返答から「次郎は旅行に行くことができない」という推意を予想するだろう．そして「まとまった休みが取れなければ2泊3日の旅行に行くことはできない」といった文脈想定も考慮しながら，最も接近可能な「まとまった休みが取れないぐらい忙しい」という，より具体的な程度の忙しさを示す[忙しい]*にまでその概念を縮小することになるのである．つまり推意や文脈想定との相互調整を行いながらアドホック概念を構築し，「次郎は，まとまった休みが取れないぐらい仕事が忙しいので旅行に行くことはできない」という解釈を導くのである．

以上のように(2, 3)や(10)の例で話し手は，ある語によって記号化された意味のなかでも，より特定的な意味を伝えている．そのため聞き手は，(8)の関連性を求めた解釈プロセスに沿って，文脈想定や推意と相互調整しながら記号化された意味を話し手の意図した意味へと絞り込んでいくことになるのである．こういった語彙的絞り込みは図1のように表すことができる．

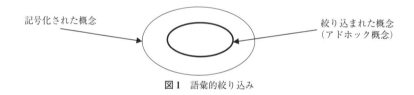

図1　語彙的絞り込み

5.4.2　語彙的拡張

概念が狭められる例とは対照的に，(4)の「溶ける」や(5)の *raw* のように，コンテキストに応じて記号化された概念が緩められ，より広い意味で解釈される場合もある．以下の例をみてみよう．

(11)　a. 前橋は東京から北西に100キロだよ．
　　　b. I am *starving*. 　　　　　　　　　　　　　　　　　　　（Allott 2010）
　　　c. 鈴木先生は鬼だ．
　　　d. シャネルはサイケデリック模様でウーマンパワーをアピールし，ドルチェ＆ガッバーナはハート柄のプリントに甘さと強さを込めた．

（『朝日新聞』2015年4月5日）

たとえば(11a)が，地図を見ながら東京から前橋へ車で行く計画を立てている場面での発話だとしよう．そういったコンテキストでは，「北西」という方角を表す語や「100キロ」という数値が，正確に北西の方角にちょうど100キロの地点だといっているのではなく，おおよその方角と距離を表していると理解できるだろう．つまりこれらの表現は，文字通りの意味をわずかに緩めた近似表現（approximation）として用いられているのである．もちろん地図を作成する場合など厳密な方角や距離が求められることもあるが，上のようなコンテキストでは，「前橋は東京から何時何分の方角に，100.918キロだよ」といった厳密で正確な表現は，かえって聞き手に処理労力をかけてしまうことになるのである．こういった方角や数値の他にも，「四角い建物」や「丸い石」といった発話で用いられる幾何学用語が，コンテキストによっては大まかな形を表す近似表現として解釈されることもある．ただし近似表現は，厳密な意味を持つ語の概念をその周辺部にだけ広げたものなので，記号化された意味と話し手の意図した意味のずれはわずかなものとなる．

次の(11b)の発話は，もちろん本当に飢え死にしてしまう場面で用いられることもある．しかしこの発話が，飢え死にするほどではないが，それに近い状態のことをいっているのであれば，記号化された *starving* の概念から少し離れた近似表現であるSTARVING*として解釈されるだろう．また，少しお腹がすいた程度の状態を誇張していっているのであれば，さらに拡張されたSTARVING**が復元される．そうするとこの発話は，コンテキストによって，文字通りの意味，近似表現，誇張法（hyperbole）のいずれとも解釈できるのである（この点については5.5.1項で(14)の例を通してさらに検討する）．

(11c)はメタファー（metaphor）の例であり，鈴木先生が文字通り「鬼」であるということを伝えているわけではない．「すぐ怒る怖い先生」，「成績評価の厳しい先生」，「部活の指導が厳しい先生」など，コンテキストによってさまざまに解釈されるだろう．そういった解釈についても，聞き手が記号化された「鬼」の概念を手掛かりに，それぞれのコンテキストに合うようなアドホック概念を構築しているからだと説明できるのである．

最後の(11d)は，ファッションに関する記事からのものである．あまり馴染みのない言い方かもしれないが，この例にある「甘さ」は，「女の子らしいかわいら

しさ」といったことを意味する．つまり本来は味覚に関係する語が，味覚以外の意味で用いられているのである．この場合も，聞き手は記号化された味覚の意味から，女性のファッションに関するこのコンテキストで少ない労力で思い付く，「女の子らしいかわいらしさ」を表す［甘さ］*に緩めて解釈すると考えられる．その場その場で新たな概念が推論されるとするアドホック概念の特性から，こういった新奇な用法のように感じられる例についても説明することができるのである．

　以上のように(4, 5)や(11)であげた例では，ある語がその記号化された意味には本来含まれないような意味で使われている．そのため聞き手は記号化された概念を手掛かりにして，十分に関連性が得られるところまで緩めて解釈することになる．その拡張の際には，語彙的絞り込みの場合と同様に，(8)であげたプロセスに則って文脈想定や推意と相互調整しながら話し手の意図した意味を推論していくのである．こういった語彙的拡張を単純化して図示すれば図2のようになる．

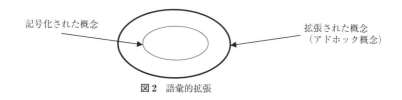

図2　語彙的拡張

　これまで語彙概念が絞り込まれる場合と拡張される場合を別々に扱ってきたが，次の例のように，一つの語彙概念に対して両者が同時に適用されることもある．

　(12)　三郎は王様だからなぁ．

この発話が，あるサッカーチームの中心選手として自己中心的なプレーをする三郎を批判してなされたものだとしよう．その場合，実際には王様でない三郎に対してメタファー的に「王様」という語が用いられているので，「国王」や「君主」といったその文字通りの意味が緩められていることがわかる．それに加え，この例では概念の狭めも同時に行われているようである．なぜなら，王様のなかには権力を持たない象徴的な存在の王様や，国民のことを思って尽力してくれる心優しい王様もいるが，ここではそういった意味で三郎のことを「王様」に喩えてい

るわけではないからだ．そうすると，王様が持つ特性のなかでも特に「絶対的な権力を持つ」や，「自分のやりたいように権力を行使する」といったものに狭められているといえるだろう．つまり「王様」の概念の絞り込みを行いながら，文字どおり「王様」ではない人も含むようにその概念を拡張することによって，「チーム内で絶対的な権力を持つ選手」や，「自分のやりたいようにプレーする選手」といった意味を表す［王様］*が形成されるのである．このアドホック概念を含む表意の復元と並行して，「試合中は三郎の指示通りに動かなくてはならない」や，「三郎のやり方には口を出せない」といった推意も引き出されるだろう．この例が示すように，メタファーの解釈には，語彙的拡張だけでなく絞り込みも行われていると捉えられる場合が多いようである．こういった語彙的絞り込みと語彙的拡張が同時に適用されるアドホック概念構築を図に表すと以下のようになる．

図3　語彙的絞り込みと語彙的拡張

5.4.3　語の語用論的解釈のプロセス

ここまでの議論から，(6)であげた四つの疑問に対する答えが明らかになったのではないだろうか．Wilson and Carston（2007: 250）は，その答えを次のようにまとめている．

(13) 語彙的絞り込みと語彙的拡張の両者とも，
　　 a. 関連性のある解釈を求めることがきっかけとなって行われる．
　　 b. 処理労力が最小になるような道をたどる．
　　 c. 表意・文脈想定・推意と相互調整しながら，関連性の期待を満たすように進められる．
　　 d. 関連性の期待が満たされるところまで行われる．

(6a-d)の疑問にそれぞれ(13a-d)が対応しているわけだが，これらの答えから，語の語用論的解釈についても，(9)でみた表意解釈のための推論（曖昧性除去・飽

和・自由拡充）や，推意を導き出すための推論と同様に，関連性理論に基づく理解過程に沿って行われると主張していることがわかるだろう．つまり，聞き手はそれぞれのコンテキストで関連性のある解釈を求めて，その場その場で記号化された語の意味を狭めたり，緩めたり，または両者を組み合わせる形で推論を行っているのである．このことから，コンテキストによって同一の語からさまざまな解釈が得られる多義的な場合についても，関連性を求めて聞き手が異なったアドホック概念を推論したためだと説明できるのである．

このアドホック概念構築という考えから，関連性理論は，われわれの持つ概念と言語の持つ語彙を比べると，前者の方がはるかに多いということを指摘している．言い換えれば，われわれは語彙化できないような概念を持っているのである．そうすると，話し手が伝えようとする意味と，語によって記号化された意味の間にずれが生じるのは当然のことかもしれない．そのため聞き手は，記号化された意味を出発点にして，コンテキストから話し手の意図した意味を推論しなくてはならなくなるのである．

◆ 5.5 語彙語用論の可能性

本節ではアドホック概念の応用面を中心に，語彙語用論による分析のさらなる可能性を示していきたいと思う．まず修辞表現への応用から検討していくことにしよう．

5.5.1 修辞表現への応用

修辞表現については，上でメタファーや誇張法に対してアドホック概念が適用できることを明らかにしたが，さらに，これまで個別の事象として扱われてきた，文字通りの意味，近似表現，誇張法，メタファーについて，アドホック概念の観点から統一的な説明が可能になることも指摘されている．次の例をみてみよう．

(14) 財布が空だ． （岡田・井門 2012）

この発話は，文字通り「財布の中に何も入っていない」ということを伝える場合もある．しかしコンテキストによっては，「空」という語がさまざまなアドホック概念として解釈されることになるだろう．たとえば財布の中に小銭程度しか入っ

5.5 語彙語用論の可能性

ていないときにこの発話がされたとしよう．その場合は，「空」という語が近似表現のアドホック概念 [空]* として解釈される．その他にも，家を出たときには財布に数十万円入っていたが，大きな買い物をしたため財布の中に数千円しか残っていないような場合であれば，この発話は誇張法と解釈され，別のアドホック概念 [空]** が形成されることになる．この発話が家の家計全般についてのものなら，さらに拡張された [空]*** を構築してメタファー的に解釈されるだろう．つまりこの発話は，コンテキストによって，文字通りの意味，近似表現，誇張法，メタファーのいずれとも解釈が可能なのである．このことから語彙語用論の枠組みでは，文字通りの意味，近似表現，誇張法，メタファーは，それぞれ個別の用法ではなく連続体を形成し，解釈の際にはすべて同一のプロセス(8)が適用されると考えている．そうすると，この発話の意味や用法の違いは，コンテキストに応じてアドホック概念を構築することによって生じるものだといえるのである．同様の分析が上であげた(11b)にも当てはまるだろう．

さらに以下でみていくように，トートロジー (tautology)，オクシモロン (oxymoron)，濫喩 (catachresis) といった修辞表現についても，アドホック概念の観点から捉え直すことができそうである．まず西川 (2003) によるトートロジーの分析からみていくことにしよう．

(15) a. (Mary finds a penny on the street and picks it up.)
　　　　Tom:　Why did you pick it up? It's just a penny.
　　　　Mary:　*Money is money.*
　　b. (Mary won a lot of money in a public lottery. Her friend Jane is envious.)
　　　　Jane:　You are the happiest girl in the world, aren't you?
　　　　Mary:　*Money is money.*　　　　　　　　　　　　　　　(西川 2003)

トートロジーとは，基本的に(15)のメアリーの発話にあるような A is A. の形をとる修辞表現である．これを文字通りに解釈すれば，「A は A だ」という自明のことしかいっていないことになる．しかし聞き手はトートロジーが用いられた発話から，実際に話し手が意図した意味を把握しているのである．西川 (2003) はその解釈について，一つ目の A は「A というものは」のように総称的に理解され，二つ目の A に対してアドホック概念が形成されるとしている．つまり A is A*. という表意が復元されるとするのである．たとえば，括弧内に示したそれぞ

れのコンテキストに応じて，二つ目の money に対し，(15a)では「(量の大小にかかわらず) 価値のあるもの，大切なもの」という意味の MONEY* が，(15b)では「限られた範囲のものを得るためのもの」という意味の別のアドホック概念 MONEY** が形成される．それによって，(15a)からは「お金というものは，(量の大小にかかわらず) 価値のあるもの，大切なものである」，(15b)からは「お金というものは，限られた範囲のものを得るためのものである」という異なった表意が復元されるのである．そういったアドホック概念を含んだ表意と相互調整することによって，たとえば(15a)からは「たとえ小銭であっても粗末にしてはいけない」などの推意も引き出されるだろう．

次にオクシモロン（撞着語法）へのアドホック概念の適用可能性を探りたいと思う．オクシモロンとは，「公然の秘密」や「負けるが勝ち」といったような矛盾関係や反対関係にある語を結び付けた修辞表現である．以下の例をみてみよう．

(16) a. 両国の長い間の歴史的背景や人々の思いにより，「近くて遠い国」と言われ続けたが「ヨン様」「少女時代」「新大久保」と，このごろ一般的にも「近くて近い国」と皆が感じつつあっただけに，今後が大いに気懸かりだ．
(http://nakasone-family.blog.so-net.ne.jp/2012-08-18)
b. 2013 年度の定期券を使わない乗客数のうち，小児は 4 年前に比べて約 2％減．電車内で子どもが騒いだら困ると，車で移動する親が増えたという．「鉄道は子どもに人気が高いが，近くて遠い交通機関になりつつある」と危機感を募らせる．　　　　　　　　　　　　　　　（『朝日新聞』2014 年 8 月 7 日）

これらの例で用いられている「近くて遠い」という表現は，ことば自体の意味だけをみれば矛盾したものである．しかし聞き手は，その矛盾を感じることなく話し手の意図を読み取ることができるだろう．このことは，解釈の際にアドホック概念が構築され，表面上の矛盾を解消しているからだと考えられる．

日本と韓国の関係について述べた，(16a)の「近くて遠い」という表現での「近い」は，文字通り「距離的に近い」ということを伝えているだろう．一方「遠い」に関しては，「距離的に遠い」という「遠い」の文字通りの意味を拡張して，「心理的に遠い」ことを示す「親近感が湧かない」といった意味の［遠い］* が構築される．そして，それら二つを結び付けて「距離的に近いが，親近感が湧かない国」という解釈が得られるのである．

(16b)でも同じく「近くて遠い」という表現が用いられているが，(16a)とは異

なった意味で解釈されるだろう．(16b)は，最近の鉄道ブームにもかかわらず，日常生活で鉄道を利用する子供の数が減っていることに鉄道会社が危機感を募らせているという記事からのものである．そういったコンテキストでの「近くて遠い」という表現を解釈する際には，「近い」の文字通りの意味から，「身近に感じられる」といった意味に拡張された［近い］*が構築される．「遠い」についてもアドホック概念として解釈されることになるが，(16a)のような「親近感が湧かない」という意味の［遠い］*ではなく，「あまり利用しない」といった意味の［遠い］**が構築されるだろう．そして「身近に感じられるが，あまり利用しない交通機関」といっているのだと理解するのである．

オクシモロンではないが，(16a)では「近くて近い」という表現も用いられている．これは文字通りの意味だけで捉えれば余剰的な表現であるが，そういった余剰性をあまり感じさせないのは，二つ目の「近い」に対して「親近感が湧く」といった意味のアドホック概念が構築され，「距離的に近くて，親近感が湧く国」と解釈されるからだろう．

なおオクシモロンについて箭田 (2015) では，ここであげたようなアドホック概念構築が関わる表意に基づいた分析に加え，推意との関連も議論し，記号化された意味のレベルにみられる矛盾が，推意のレベルで解消される場合もあるということを指摘している．そういった点も含め，オクシモロンについては語彙語用論の観点から今後さらに検討していく必要がありそうである．

新たな概念をその場その場で作り出すというアドホック概念の特徴に注目すれば，濫喩についても説明できる．濫喩とは「対象を字義通りに示す語がないため，一般的な語を新しい意味で使って語彙上の不足を補う (今井 (編) 2009: 188-189)」用法である．たとえば，ある人が大きな窓ガラスを運んでいるときに急に雨が降り出したため，その窓ガラスを頭の上に持ち上げて雨を避けようとしている．それを見た傘を持っていない別の通行人が次のようにいったとしよう．

(17) Can I share your *umbrella*?　　　　　　　　　　(今井 (編) 2009)

この発話では *umbrella* という語が，雨を避けるために使っている窓ガラスまでも含める UMBRELLA* に拡張されていると捉えることができる．こういった言い方がされるのは，*Can I share your pane of glass?* といわれるよりも解釈に要する処理労力が少なくてすむからであるが，この意味で *umbrella* という語が用いられ

るのはもちろん一般的なことではなく，この状況一度きりの可能性が非常に高い．このことからも，この例の解釈にはアドホック概念が関わっていると考えられるのである．

5.5.2 アドホック概念の定着可能性

これまでみてきたように，アドホック概念はその場その場で構築される概念であり，ある特定のコンテキストで一度だけしか使われない場合もある．その一方で Wilson and Carston（2007: 238）が主張するように，使用が重ねられるとアドホック概念を構築する語用論的プロセスが次第にルーティン化され，はじめはアドホック概念として解釈されていた意味が，その語の新たな意味として定着していく可能性もある．そしてそのことが多義的意味や意味変化を分析するうえで重要になるということも指摘している．ここからはアドホック概念の定着可能性という側面も考慮に入れつつ，いくつか事例をあげていくことにする．

まず以下の外来語についてアドホック概念の観点から検討してみよう．

(18) a. 現地時間の 12 月 4 日午後 6 時前，<u>ドナー</u>が見つかり，翌 5 日早朝から始まった手術は，約 9 時間後に終わった．　　　（『朝日新聞』2014 年 12 月 9 日）
b. シーズンではヤマハや東芝などに計 3 試合負けたが，そのつど相手からも学び，<u>リベンジ</u>しようとやってきたので，最後まで切れずに戦えた．

（『朝日新聞』2015 年 2 月 5 日）

英語の *donor* には，「寄付者，（財産の）贈与者」や「移植用の組織・器官の提供者」などの意味があるが，(18a)のように日本語で「ドナー」といえば，ほぼ後者の意味で用いられる．この点について松崎（2013）は，英語の *donor* という語が，もとの概念を狭める形で日本語に定着したためであると指摘している．(18b)にある「リベンジ」も最近よく使われることばである．英語としての *revenge* は「復讐する，仇を討つ」といった意味である．しかし日本語に取り入れられ，この例のようにスポーツの試合といったコンテキストで生じる場合には，以前に試合などで負けた相手に対して「借りを返す」といった意味で用いられることが多く，そこには英語の *revenge* が持つ「個人的な憎しみや悪意を動機とした仕返し」といったニュアンスはない．これはもとの *revenge* の概念が，個人的な憎しみや悪意を動機としないものまで，その対象に含めるように拡張されて定着したためだ

ろう．

　アドホック概念は，カテゴリー拡張（category extension）と呼ばれる例の説明にも適用される．カテゴリー拡張とは，そのカテゴリーの中で一番目立つ中心的な成員を表す語を使って，それが属するもっと大きなカテゴリーを表す用法のことをいう．その一例として，(19)のように「クリネックス」や「サランラップ」といった代表的な商品名を用いて，(クリネックスに限らない)ティッシュペーパー全般や，(サランラップに限らない)食品包装用ラップ全般といった，より広いカテゴリーをアドホック概念として伝える場合があげられる．

(19)　a.（風邪をひいて鼻水の止まらない人が）I need a *Kleenex*.
　　　b.（料理をしている母親がそばにいた娘に）ちょっとそこのサランラップ取って．

括弧内に示したコンテキストを踏まえると，話し手は何も「クリネックス」や「サランラップ」といった特定の商品でないとだめだといっているわけではない．たとえば(19a)で「クリネックス」という商品名をあげて話し手が伝えたいのは，単に「鼻をかみたいのでティッシュペーパーをください」ということだろう．したがって，この発話を聞いてクリネックス以外のティッシュペーパーを渡したからといって，「これクリネックスじゃないよ」と文句をいわれることはないはずである．これらの他にも，*Xerox*, *Post-it*,「バンドエイド」といった代表的な商品名で，それぞれコピー機全般，粘着剤付箋紙全般，絆創膏全般を指す場合などは，広く定着した用法といえるかもしれない．

　さらに次のような新造語（neologism）の解釈に関してもアドホック概念の観点から説明できることが指摘されている．

(20)　a. The newspaper boy *porched* the newspaper.　　　　（Wilson 2004)
　　　b. He *Houdinied* his way out of the closet.　　　　　　　　（Ibid.)
　　　c. They have a lifestyle which is very *San Francisco*.

（Wilson and Carston 2007)

(20a, b)では本来名詞である*porch*や，奇術師の人名の*Houdini*が動詞として，また(20c)では*San Francisco*という地名が形容詞として，それぞれもとの品詞とは異なった品詞として用いられている．しかし聞き手が，アメリカの新聞配達，「脱出王」として知られた奇術師のフーディーニ，サンフランシスコでの生活につい

て適切な知識を持っていれば，これらの新造語の意味を把握することはさほど難しいことではない．記号化された名詞の概念を出発点にその概念を拡張し，コンテキストに合った動詞や形容詞としての意味を推論することができるだろう．それによって，(20a)では「玄関に向かって投げ入れた」，(20b)では「うまく抜け出した」，(20c)では「気楽な，のんびりとした」といったように，アドホック概念としてその語の新たな意味を理解するのである．

同様の新造語は日本語にもみられる．

(21) a. 帰りが遅くなったから駅から<u>タクる</u>．
b. 交差点で危うく<u>事故る</u>ところだった．

(21)は，「タク」(タクシーの略)や「事故」といった名詞の語尾に「る」を付けて動詞化した例である(「タクる」はタクシーに乗る，「事故る」は事故を起こす，事故に遭うという意味である)．これらの解釈の際にも，(20a, b)と同様に，もとの名詞から動詞としての意味が推論されていると考えられる．

こういった新造語は，上であげた(11d)のように，人によっては新奇な用法のように感じられるかもしれない．しかし，かつては新奇な語であった「お茶する」や「メモる」といった名詞から転換した動詞が今では広く用いられているように，これらの語も使用が重ねられれば，定着した意味を持つ表現となっていく可能性もあるだろう．(文化庁による平成 25 年度の「国語に関する世論調査」では，「タクる」ということばを「聞いたことがない」と回答した割合は 71.9% であったが，「事故る」は 5.7%，「お茶する」は 5.8% であった．)

5.5.3 語彙語用論から句語用論へ

次の(22)は，岡田・井門 (2012, 2014) で検討した，二つ以上の語が組み合わさって新たに作られた熟語・複合語の例である．

(22) a. リーマン・ショックで「<u>就職氷河期</u>」の再来がささやかれたころと比べ，学生の選択肢が増えたことは喜ばしい．　　　(『朝日新聞』2014 年 10 月 26 日)
b. 厚労省によると，埼玉は県外就業率が高く全国 2 位．「<u>埼玉都民</u>」に象徴されるように男性が長距離通勤で家を空けがちになるぶん，女性が育児に時間を割かざるを得ず，結果として正規労働を見送るという図式が成り立つ．

(『朝日新聞』2012 年 10 月 13 日)

5.5 語彙語用論の可能性

これらの例の解釈の際には，「非常に厳しい時期」を表す［氷河期］*や，「（他県に居住し）東京に通勤・通学する人たち」を表す［都民］*といったように，構成要素の一部に対してアドホック概念が形成されていると捉えることができるだろう．そして，それが残りの語の記号化された意味と結合し，［就職［氷河期］*］や［埼玉［都民］*］として解釈されるのである．

このような熟語・複合語は新奇性や創造性が非常に高く，同一の語を使った表現が次々と生み出されている．次の(23)はいずれも「難民」という語が用いられた例である．

(23) a. 大型スーパーの進出で地元商店が軒並み閉店したが，さらにスーパーも撤退．多くの<u>買い物難民</u>が生まれていた．　　　　（『朝日新聞』2014 年 11 月 15 日）
　　　b. 支援対象は，公園や路上で暮らす人だけではない．「僕のような，<u>ネットカフェ難民</u>も助けてもらえた」．派遣社員の男性（46）は昨年 12 月 29 日，この公園にたどり着いた．　　　　　　　　　　（『朝日新聞』2014 年 1 月 16 日）

「難民」という語の本来の意味は，「戦争・天災などのため困難に陥った人民．特に，戦禍，政治的混乱や迫害を避けて故国や居住地外に出た人」（『広辞苑』第 6 版）といったものだろう．その意味からコンテキストに基づいて，(23a)では「困難な状況にある人たち」という意味の［難民］*が形成される．それによってこの表現が，「日常の買い物が困難な状況にある人たち」を指す［買い物［難民］*］として解釈されるのである．(23b)の「ネットカフェ難民」（定住する住居を持たず，24 時間営業のインターネットカフェなどで寝泊りしている人たち）にも「難民」という語が含まれているが，(23a)での「難民」とは異なった解釈になる．つまり，「困難な状況にある人たち」という意味の［難民］*ではなく，「定住先を失った人たち」という別の意味の［難民］**を構築し，［ネットカフェ［難民］**］として解釈されるのである．

(22, 23)のような熟語・複合語の解釈については，ここでみたとおり，たとえば［就職［氷河期］*］や［買い物［難民］*］のように一部の語に対してのみアドホック概念が形成されるとするのではなく，［就職氷河期］*や［買い物難民］*のように表現全体でアドホック概念を形成していると捉えることができるかもしれない．そうすると，こういった熟語・複合語の例や，Vega Moreno (2007) によるアドホック概念に基づいたイディオム分析などは，語彙語用論から句語用論

(phrasal pragmatics) とでも呼ぶべき領域への発展の可能性を示唆するものとなるように思われる．

◆5.6 おわりに

本章では関連性理論を中心とした語彙語用論の観点から，さまざまな事例を通して，発話で用いられた語が語用論的に解釈される仕組みについて検討してきた．そして，聞き手は語によって記号化された概念を手掛かりに，コンテキストに基づいて，その概念を狭めたり，緩めたり，または両者を組み合わせて解釈しているということを示した．アドホック概念構築と呼ばれるそのプロセスでは，関連性を求めた解釈の手順に沿って，記号化された概念が語用論的に調整されていくのである．したがって，コンテキストによって同一の語からさまざまな解釈が得られる多義的な場合についても，聞き手が異なったアドホック概念を構築した結果だと考えられるのである．

またアドホック概念を援用することによって，メタファーや誇張法などの修辞表現に対して統一的な説明が可能になるだけでなく，外来語や新造語などさまざまな表現の解釈について分析の可能性が広がることも明らかになった．ただし本章で扱った表現以外にもアドホック概念を適用して説明できる事例は残されているように思われるので，今後さらに検討していく必要があるだろう．

Q より深く勉強したい人のために

- 今井邦彦（編），井門亮・岡田聡宏・松崎由貴・古牧久典・新井恭子（訳）(2009)『最新語用論入門12章』大修館書店．（関連性理論の創始者の一人である Deirdre Wilson がロンドン大学で行った講義の講義録が基になっている．第8章以降が Issues in Pragmatics: Lexical Pragmatics という講義からのもので，語彙意味論から語彙語用論まで，語彙解釈に関する議論がとりあげられている．）
- 内田聖二 (2013)『ことばを読む，心を読む：認知語用論入門』開拓社．（関連性理論の概要だけでなく，第4章では，メタファー，メトニミー，アイロニーなどの修辞表現が，関連性理論に基づいてどのように分析できるのか，具体例とともに詳しく解説されている．）
- Carston, Robyn (2002) *Thoughts and Utterances: The Pragmatics of Explicit*

Communication, Oxford: Blackwell.（内田聖二・西山佑司・武内道子・山﨑英一・松井智子（訳）(2008)『思考と発話：明示的伝達の語用論』研究社．）（関連性理論の観点から，明示的意味の語用論的解釈に関する議論を扱っている．第5章にアドホック概念構築についての詳細な説明がある．）
- Wilson, Deirdre and Robyn Carston (2007) "A Unitary Approach to Lexical Pragmatics: Relevance, Inference and Ad Hoc Concepts," in Noel Burton-Roberts (ed.) *Pragmatics,* Basingstoke: Palgrave Macmillan, 230-259.（関連性理論を中心とした語彙解釈に関する議論をまとめ，語彙語用論という領域を確立した論文である．）

文献

今井邦彦（編），井門亮・岡田聡宏・松崎由貴・古牧久典・新井恭子（訳）(2009)『最新語用論入門12章』大修館書店．

今井邦彦 (2015)『言語理論としての語用論：入門から総論まで』開拓社．

岡田聡宏・井門亮 (2012)「アドホック概念：仕組みと可能性」松島正一（編）『ヘルメスたちの饗宴：英語英米文学論文集』音羽書房鶴見書店，661-695.

岡田聡宏・井門亮 (2014)「省略語・イディオム解釈とアドホック概念」『言語・文化・社会』12: 1-29.

西川眞由美 (2003)「Tautology の考察：ad hoc 概念の視点から」『語用論研究』5: 45-58.

松崎由貴 (2013)「関連性理論による外来語の分析」『言語・文化・社会』11: 29-42.

箭田千代里 (2015)『関連性理論に基づいたオクシモロンの分析』群馬大学社会情報学部卒業研究．

Allott, Nicholas (2010) *Key Terms in Pragmatics,* London: Continuum.（今井邦彦（監訳），岡田聡宏・井門亮・松崎由貴・古牧久典（訳）(2014)『語用論キーターム事典』開拓社．）

Carston, Robyn (2002) *Thoughts and Utterances: The Pragmatics of Explicit Communication,* Oxford: Blackwell.（内田聖二・西山佑司・武内道子・山﨑英一・松井智子（訳）(2008)『思考と発話：明示的伝達の語用論』研究社．）

Sperber, Dan and Deirdre Wilson (1995) *Relevance: Communication and Cognition,* Second Edition, Oxford: Blackwell.（内田聖二・中逵俊明・宋南先・田中圭子（訳）(1999)『関連性理論：伝達と認知』研究社．）

Vega Moreno, Rosa E. (2007) *Creativity and Convention: The Pragmatics of Everyday Figurative Speech,* Amsterdam: John Benjamins.

Wilson, Deirdre (2004) "Relevance and Lexical Pragmatics," *UCL Working Papers in Linguistics* 16: 343-360.

Wilson, Deirdre and Robyn Carston (2007) "A Unitary Approach to Lexical Pragmatics: Relevance, Inference and Ad Hoc Concepts," in Noel Burton-Roberts (ed.) *Pragmatics,* Basingstoke: Palgrave Macmillan, 230-259.

第Ⅲ部　応用編

意味変化の要因を探る

第6章　語義の歴史的変化とその事例

石崎保明

◆ 6.1　畢竟(ひっきょう)，語は多義になる

　語がこの世に生まれてくる背景はさまざまあるが，その一つに，(多くはその言語圏にそれまで存在していなかった) ある新しく生まれた概念を指し示すという文化的・社会的な要請がある．その際，その語が当該の言語圏内で独自に生み出される場合もあれば，他の言語圏から導入（借入）される場合もある．新しい概念がその言語圏内で独自に産出される場合，それがいわゆる専門用語（jargon）として表現されることがある．しかしながら，この方策はいたずらに言語圏内の語彙数を増やすことにもつながり，またその概念も語感としてイメージされにくい場合が多いことも難点である．そこで，その言語文化にすでに存在している語を再利用することにより表現するという手段が講じられることが多い．いわゆるメタファー（隠喩・暗喩，metaphor）やメトニミー（換喩，metonymy），シネクドキー（提喩，synecdoche）などがその例であり，一時的であれ長期であれ，それまで持っていた意味に新たな意味が加わることになるため，必然的にその語は多義となる．

　他方，本書第7章（借入語）で詳しく論じられるが，新しい概念が別の言語圏から借入される場合もある．日本語を例にとると，わが国における仏教用語がある．日本では6世紀前半頃に仏教が伝来し，当時の日本にはなかったさまざまな概念が仏(教)語として導入された．仏(教)語に対しては，その導入以来，桓武天皇の勅旨以降に"正音"となった漢音読みではなく，呉音読みが採用されている．たとえば，「言語道断」が漢音読み（*ゲンゴドウダン）ではなく（「ゴンゴドウダン」）と呉音読みするのは，この語が仏教に由来する語であるため

(c.f. 興膳（2011: v））. このように，他の言語圏から導入（借入）された語であっても，いったんそれがその言語圏内で使われ始めると，その当初の意味のみに限定して使い続けることが困難となる．「言語道断」においても，音声面では現在でも呉音読みの伝統が継承されているものの，意味としては一般に「とんでもないこと」という否定的な状況を指し示す際に用いられる．しかしながら，元来は「仏教の究極真理はことばでは言い表せない」という仏教精神を説いた語であり，その後「口ではとうてい言い表せない」という意味に一般化（generalization）し，さらにはその意味が堕落（pejoration）するに至って，現在の否定的な側面を強調する意味となっている（cf. 興膳（2011: 182-185））.

本章では，英語における特に内容語を事例として，その通時的な語義の変化を扱う．その際，本シリーズが「言語表現とコミュニケーション」であり，本書がコンテキストの作用を探ることを目的としていることを鑑み，理論的枠組みとしては構文文法理論（construction grammar theory）を用いて検討していくことにする．6.2節は英語史における語義変化の調査方法を概観する．6.3で本章が依拠する理論的枠組みを提示した後，6.4節で事例分析を行う．6.5節は結語となる．

◆ 6.2　語義の歴史的変化を調べるには

ある特定の時代における語の意味やその通時的変遷を調べるためには，何を参照したらよいのであろうか．この節では，具体的な事例分析に入る前に，依拠する理論的枠組みに関係なく必要とされる，英語史における意味研究の調査方法を概観する．

6.2.1　辞書を用いての調査
a. *Oxford English Dictionary*（OED）と *Historical Thesaurus of the Oxford English Dictionary*（HTOED）

歴史言語学において，表層的な統語構造（語順）については，少なくとも文献に明示的に示されており，さまざまな環境要因を考慮に入れることはいうまでもないが，さしあたり，その用例を直接的な歴史的証拠として用いることができる．音声については，もちろん現存はしていないものの，ブリテン島で古くから使わ

れていたルーン文字（runes）やその後同地域で使用されることとなったローマン・アルファベット（roman alphabet）がともに表音文字（phonogram）であったことから，綴り字の変異（variation）と変化（change）を手掛かりとする音声変化研究の手法が伝統的にある．具体的には，話しことばがそのまま文字として綴られることも多い日記などを分析することや，韻文で使われている頭韻語や脚韻語の組合せを分析することなどにより，当時の発音を推定する取り組みがしばしばなされている．

　それでは，常に（各々の時代の）読者による解釈にさらされることになる「意味」について，私たちは古い時代の語義とその変遷をどのように知ることができるのであろうか．英語史に関していえば，語の意味を知るために最も広く用いられ，かつ最も信頼性の高い試みは，何といっても『オックスフォード英語辞典』（*Oxford English Dictionary*，以下，OED と呼ぶ）を調べることであろう．OED で語を調べてみると，その項目には綴り字や語源の情報に始まり，語義が用例とともに示されている．私たちはそれらの用例の初出年をたどることにより，おおよその語義の変遷を知ることができる．現在の OED は紙媒体の他にも，有償ではあるが 1992 年に CD-ROM 版（第 2 版），2000 年にオンライン版（第 3 版）が公開されており，キーワードや用例の年代ごとの分布などを検索する機能も充実している．このことから，OED を電子コーパスとして用い，対象とする語の頻度や時代ごとの分布を調査する研究もみられるようになった（たとえば Israel (1996)，Allan (2012) など））．

　OED の躍進はこれだけにとどまらない．2009 年には，OED を基盤とした『オックスフォード英語歴史シソーラス辞典』（*Historical Thesaurus of the Oxford English Dictionary*（以下，HTOED と呼ぶ））が，作成開始から 44 年の時を経て，紙媒体および電子版として出版・公開された．前出の OED が特定の語そのものの通時的な変遷を示したものであるとすると，HTOED は類義語間の意味のネットワーク関係とその変遷を示したものであり，この辞書の出版により，古英語期から現在に至るまでの約 80 万語の類義語を調査することがさらに容易になった．この HTOED に基づく研究としては，Allan (2009) などがある．

　以上のように，OED や HTOED の出版およびその後の電子版の公開は，これまでの英語史研究の礎を築いたのみならず，特に近年におけるそのさらなる発展

の可能性をもたらしている．とはいえ，言語の通時的な意味研究において，OED を用いる際にはいくつか注意すべき点があることも忘れてはならない．まず，Hoffmann（2004）や Allan（2009）が指摘するように，OED で引用される用例のジャンルには偏りがあり，語数においても時代ごとに均等に組織されたものではない．特に後者においては，年代により収録語数が大きく異なる（Mair（2006）によれば，18 世紀は約 3 百万語，19 世紀は約 8 百万語，20 世紀は約 5 百万語となっている）．このことにより，使用頻度の分布を統計的にみた場合，調査したどの語も 18-19 世紀になって急激に発達したかのような結果をもたらす危険が伴う．さらに，語義の拡張や変化には，事例分析で詳しくみていくように，それが用いられている文脈が重要な役割を果たしている．これに対して，OED は単文を集めたものであり，OED のみからではそこにあげられている語義がどのような文脈で用いられているのかを知ることができない，という問題もある．

b. 時代に特化した辞典・文法書

OED や HTOED 以外にも特定の時代に限定した辞典があり，古英語期（Old English）の語については *Dictionary of Old English*（DOE）が，中英語（Middle English）の語については *Middle English Dictionary*（MED）が，英語史研究ではよく使われている（両者は，オンライン上での利用も可能である）．その他，特に近代英語期（Modern English）以降，多くの辞典・文法書が出版されている．有名なところでは，Samuel Johnson による『英語辞書』（*A Dictionary of the English Language*（1755））や，語義辞典ではないが Robert Lowth による *A Short Introduction to English Grammar with Critical Notes*（1762）があり，特に前者は，その後刊行されることになる OED が採用した語の歴史的変遷を重視する編纂方法に大きな影響を与えた．近代英語期当時の辞書や文法の編纂者には規範文法学者が多く（詳細は Tieken-Boon van Ostade（2009）参照のこと），彼らによって編纂された辞書や文法書の中には日本国内での入手ができないものもあるが，これらの辞書は，現代英語の話者が編んだ辞書とは異なる直観力をもった英語母語話者によって当時の語義の記述がなされている点で参考になる．

6.2.2 （電子）コーパスを用いての調査

近年，情報技術の進展も手伝って，歴史的な言語資料を電子化する試みが世界

各地で行われている．おもに電子化された言語資料を扱い言語の変異や変化を統計的に記述・分析する「コーパス言語学（Corpus Linguistics）」が言語学の一研究領域として定着して久しい．言語資料の電子化は，テキストタイプや時代区分，地域，解析方法など，それぞれの編者が策定した編集方針のもとに設計されており，使用の際にはこれらの点について注意が必要であるが，上述した OED を用いての分析の問題点を補うとともに，特に英語史における言語表現の定量的変遷を扱う研究に対して，革新的ともいえる成果をもたらしている．

　歴史的英語コーパスのなかでも先駆的であり，かつ現在においても頻繁に利用されているものとして，1991 年に公開されたヘルシンキコーパス（Helsinki Corpus of English Texts: Diachronic Part，以下，HC と呼ぶ）と，HC と採録資料が一部重複するものの採録資料内の品詞と統語構造に対して標識が加えられた Penn-Corpora of Historical English（以下，Penn と呼ぶ）をあげることができる．これらの電子コーパスは，ともに 8 世紀から 18 世紀初頭までの英語テキストが時代ごと，テキストごと収められている．時代区分は古英語期（790 年頃 - 1150 年），中英語期（1150 年 - 1500 年），初期近代英語（1500 年 - 1710 年）となっており，法律，手引書，科学，宗教関係資料，歴史書，伝記，小説，日記など，さまざまなテキストタイプがジャンル別に収められている．HC や Penn から得られる言語資料は原本や写本のようないわゆる原典ではないものの，それぞれに付されている標識を利用しながら，求めている語や構文のテキストごとの使用状況や分布を定量的に分析することができる．HC の公開後，たとえば 15 世紀後半以降の文書（correspondence）を集めた初期英語通信文コーパス（Corpus of Early English Corresponding, CEEC）や裁判，喜劇，散文小説などに含まれる対話を集めた近代英語口語コーパス（Corpus of English Dialogues 1560-1760（CED））が公開された．さらに最近になって，1674 年から 1913 年までのロンドンの裁判記録約 20 万件を収めた The Proceedings of the Old Bailey が Web 上で公開されている．これらの資料については，まだその利用方法をめぐって議論がなされている段階のものもあるが，本書が依拠する構文文法理論やそれと親和性の高い研究領域である歴史語用論（historical pragmatics）のような，言語変化を日常的なコミュニケーションとの関連で考察しようとする研究者には特に有用なものとなろう．さらには，HC や Penn などには含まれていないアメリカ英語について，特に

後期近代英語期に書かれた小説を扱った The Corpus of Historical American English（COHA）が公開され，HC や Penn が十分にカバーできていない時代やジャンルの電子コーパスを利用できる環境が整いつつある．電子コーパスの種類の詳細については，大門・柳（2006）『コーパス言語学』（第 2 章「コーパスの種類と変遷」）や高田他編（2013）『歴史語用論』第 2 章（「コーパス言語学と歴史語用論」）を参照されたい．なお，Oxford Text Archives（OTA, http://ota.ox.ac.uk/）は，Web 上で登録のうえ，所蔵されているさまざまな種類の電子テキストが入手可能となっており，これらのテキストも利用する価値は大いにあろう．

　最後に，有償ではあるがオンライン上で利用可能な大規模なデータベースも登場しているので紹介したい．English Short Title Catalogue（ESTC）は，大英図書館（The British Library）が中心となり，同図書館および世界中の 2000 以上の図書館に所蔵されている 48 万点以上のおもに英語で書かれた文献の原本・写本をスキャンしデータベース化したものである．収録資料は 1473 年から 1800 年の間に英国またはその支配ないしは影響を受けていた地域（アイルランド，北アメリカ）で出版されたもので，言語資料のサンプルとしては，中英語後期から近代英語期にかけての収容語数としては世界最大のものである．ESTC に収められている電子化された言語資料の一部は，1473 年から 1701 年までの資料 12 万 5 千点以上を収めた Early English Books Online（EEBO）と，1701 年から 1800 年までの資料 18 万点以上を収めた Eighteenth Century Collections Online（ECCO）を使って検索することができる．たとえば，OED や電子コーパスから得られた個々の用例をひとつひとつ原典で確認することは大変な時間と労力を要するが，これらのデータベースを用いると，その用例の"原典"にあたることができ，文脈をたどりながらその用例の使われ方を確認するのに便利である．難点をあげると，Online 使用料が高額であるため個人での契約はほぼ不可能であり，現時点では日本国内で導入されている大学図書館も極めて限られていること，および，言語学的分析に特化して設計されているわけではないため，通時的な定量分析には適さないこと，などをあげることができる．

◆ 6.3 理論的枠組み

6.3.1 構文文法理論

　本章が理論的基盤に置く構文文法理論は，認知言語学（cognitive linguistics）の流れを汲む研究方略であり，言語理論としては比較的後発のものではあるが，認知科学諸分野の研究成果も柔軟に取り込みながら現在も発展を続けている言語理論である．構文文法理論において，「構文（construction）」は一般に「形式と意味の慣習的なペア（a conventional form-meaning paring）」と定義され，従来の多くの言語理論で峻別されている形態素，語，句，節といった言語レベルの要素はすべて段階性（gradience）を伴う構文とみなされている（e.g. Goldberg（1995））．したがって，構文文法では，定義上，単語だけではなく *way* 構文（e.g. *The client laughed his way out of the office.*）などのように複数の単語を組み合わせた表現も構文として同列に扱われるが，本章では単語の通時的変化のみを対象とすることにする．

　構文文法理論では，言語表現は実際の使用の場でヒトが持つ認知能力の作用により形成・発達すると考えられている．伝統的な言語分析の単位である意味論と語用論を区別せず，言語表現だけでなく，発話行為が行われる環境や話者の振る舞いなども言語研究に取り込んでいく接近法は，一般に使用基盤モデル（Usage-Based Model）と呼ばれている（cf. Barlow and Kemmer（2000））．これまでの構文文法理論は，用法基盤の言語観に基づき，*let alone* に代表される，個々の構成要素の総和から意味の予測が困難なイディオムの分析に始まり，その後個々の構成要素の意味の総和から比較的全体の意味の予測が容易な言語表現にも対象を拡張し，特に個別言語の分析や言語習得の分野において成果を重ねてきた．

　その反面，これまでの構文文法理論が扱ってきた研究は，その多くが現代の話者が日常的に用いる言語現象を事例に用いる傾向が顕著であり，歴史的な資料を用いての構文化や構文変化の研究が本格的に始まったのは，今世紀に入ってからのことである．加えて，これまでの構文文法理論が対象とするのは句レベルの言語表現が多く，語レベルの要素が対象となることはあるものの，その多くは前置詞（後置詞）や談話標識（discourse marker）といった文法化された要素（grammaticalized elements）であり，内容語の歴史的な意味変化や多義化のプロセスが

扱われることは少なかった．その意味で，本章の考察は，構文文法理論ではこれまではあまり論じられることのなかった点も含まれることになる．

6.3.2 （通時的）構文化・構文変化の研究：Traugott and Trousdale（2013）

構文文法理論における（通時的）言語変化を扱う包括的な研究には，電子コーパスに基づく Hilpert（2013）による構文文法研究もあるが，本節では Traugott and Trousdale（2013）（以下，T&T と呼ぶ）における構文（変）化の考察を概観する．なお，T&T の研究は，一般的な文法化研究（grammaticalization studies）で扱われるような，構文の漸進的な変化を伴う要素のみを対象としたものでは必ずしもなく，「頭字語（acronym）」や「切り抜き（clipping）」といった通時的な変化を伴わない語形成（word formation）もその射程に置いており，そのような事例は，本章でも議論される語彙的構文化（lexical constructionalization）の事例として扱われている．よって，語彙的文法化には，漸進的（gradual）な構文（変）化とそうでないものがあるが，本章では漸進的な通時変化を伴う語彙的文法化の事例を扱うことにする．

T&T では，通時的構文文法理論とは，「（いくつかある中の）ある一つの構文文法モデルの視点から歴史的な言語変化に取り組むこと（p.39）」とされ，文法化だけでなく語彙の変化も含まれる．T&T は，まず，これまで曖昧な形で議論されていた「構文化（constructionalization）」と「構文変化（constructional change）」とを区別し，それぞれ，以下のように定義している．

(1) **Constructionalization** is the creation of form$_{new}$-meaning$_{new}$ (combinations of) signs. It forms new type nodes, which have new syntax or morphology and new coded meaning, in the linguistic network of a population of speakers. It is accompanied by changes in degree of schematicity, productivity, and compositionality. The constructionalization of schemas always results from a succession of micro-steps and is therefore gradual. New micro-constructions may likewise be created gradually, but they may also be instantaneous. Gradually created micro-constructions tend to be procedural, and instantaneously created micro-constructions tend to be contentful. (T&T: 22)

(2) **A constructional change** is a change affecting one internal dimension of a construction. It does not involve the creation of a new node. (T&T: 26)

概略，(1)は構文化が，結果として，新しい形式と意味とのペアを生み出す（つまり新たな接点（node）としてネットワークが形成される共時的・通時的）変化であること，(2)は構文変化がすでに存在している構文の特徴に影響を与える共時的・通時的変化であることを意味している．T&T は構文化・構文変化の分析に必要とされる抽象的な記述のレベルとして，最も抽象度の高いレベルである「スキーマ（schema）」とスキーマよりも抽象性の低い「下位スキーマ（subschema）」，および，話者が発する many や a lot of といった実例（construct）から抽出される，スキーマとしては最も具体性が高いマイクロ構文（micro-construction），の3種類を提案している．たとえば，現代英語の数量詞構文は，通時的な変遷の結果として，以下のネットワークを構成するに至っている．

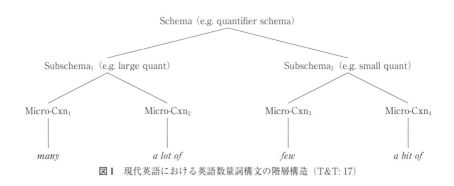

図1　現代英語における英語数量詞構文の階層構造（T&T: 17）

構文化には（音韻統語的な）形式と意味の両方における話者による新分析（neo-analysis）が必要であるとされ，どちらか一方のみが変化したものは構文変化の事例ということになる．構文化が起こる前には必ず構文変化があり，構文化の後にも構文変化が起こり得る．構文化が起こったことを認定するためには，意味だけでなく形式の変化がテキスト上で観察可能でなければならず，たとえば，a lot of の構文化において，古英語の holt（'lot'）は物体（しばしば木の破片）を表し，その後「部分（part）」や集団（group）」などといった意味へと構文変化するが，テキスト内で(3)のように lot of N における lot との数の一致から，(4)のように a lot of に後続する N との数の一致がみられる用例が観察されて初めて，a lot of が数量詞への構文化したものと認定されることになる．

(3) the worthy Mr. Skeggs is busy and bright, for ***a lot of goods is*** to be fitted out for auction.   (1852 Stowe, *Uncle Tom's Cabin* [COHA] / (T&T: 25))

(4) a. I have ***a lot of*** goods to sell, and you wish to purchase ***them***.
 (1852 Arthur, *True Riches* [COHA] / ibid.)

b. pretty soon she brought down ***a lot of*** white rags. I thought ***they*** seemed quite heavy for their bulk
 (1865 Alger, *Paul Prescott's Charge* [COHA] / ibid.)

構文化には，すべての事例がそうであるわけではないものの，一般に文法化に向かうものと語彙化に向かうものがある．T&T によれば，変化の結果として，言語的な関係や視点，直示的な方向性などの手続き的（procedural）な要素としてネットワークに位置付けられるとその事例は文法的構文化（grammatical constructionalization）であると分析され，内容豊か（contentful）な要素としてネットワークに位置付けられるとその事例は語彙的構文化であると分析される．ここでみてきた *a lot of* の事例は語彙的な要素から数量詞な要素へと変化した文法的構文化の事例であり，その後の *a lot of* に *room* や *time* などの抽象名詞や動名詞が生起する変化は構文化後に起こった構文変化の事例ということになる（p.115）．

ある語が手続き的な要素に向かっているのか内容豊かな要素に向かっているのかについては，その要素のスキーマ性（schematicity），生産性（productivity），合成性（compositionality）の三つの観点から捉えることができる．T&T によれば，文法的構文化ではスキーマ性と生産性が増加するが合成性は減少し，語彙的構文化では，たとえば 6.4.1 項でみる [X-*dom*] のようにスキーマ性と生産性が増加する場合もあれば，6.4.2 項でみる *garlic*（OE：*gar*＋*leac*（'spear leek'）））のようにスキーマ性と生産性が減少する場合がある．一方，合成性に関しては語彙的構文化では常に減少することになる．

文法的構文化と語彙的構文化は対立概念ではなく，段階的（gradient）で絡み合う（intertwine）ものであるとされる（p.150）．一例をあげると，副詞は文法的構文化と語彙的構文化の中間的なカテゴリーであり，*quickly* のように第一義的に内容豊かなものもあれば，焦点標識（focus marker）としての機能を持つ *even* や *only* のように手続き的なものもある（p.157 ft.）．

6.3.3 頻度の種類と役割

用法基盤モデルでは，言語表現の使用頻度（frequency）が，当該の言語表現の話者および話者が属する言語環境における"定着度（degree of entrenchment）"を測る際に重要な役割を果たしていると考えられている．ある言語表現の使用頻度を算出する際には，一般にトークン頻度（token frequency, T&T では construct frequency）とタイプ頻度（type frequency, T&T では construction frequency）という2種類の頻度の指標が用いられ，言語表現の発達や変化において，両者はそれぞれ質的に異なる形で関与するものと想定される．トークン頻度は，テキスト内に生起する言語要素の数を単純にカウントしたもので，それが極めて高い場合，その言語表現がひとまとまりのものとして脳内で直接的に処理されることになる．タイプ頻度は，ある言語表現が，どのくらい多くの種類のものと共起したのか，を示す頻度であり，たとえば過去形を表す英語の -(e)d 形は -t 形よりもタイプ頻度が高いといえる．

上述したように，構文文法理論において構文は「形式と意味のペア」と一般に定義されるが，歴史研究においては，構文（変）化が頻度との関係でどのように発達するのかに関しては論争がある．たとえば Bybee（2010）は頻度が言語変化のメカニズム（mechanism）であるとし，頻度が言語の形成や変化を起こすと考えている．一方，T&T は頻度は Bybee が主張するような言語変化のメカニズムではなく，慣習化やスキーマ化の付帯現象であると述べており（pp.11, 35ft），限られた歴史的資料では方法論的に'十分な頻度'を示すことができないと考えている．このように，歴史的構文文法理論においてその生起頻度の分布や変化をどのように理解するべきかについては判断が難しい面があるが，意味研究には常に他者による解釈が伴い，現代の母語話者の直観が働かないことを踏まえても，対象とする構文により事情が異なるとはいえ，構文の発達を定量的に示すことは言語分析の客観性を担保するうえで必要な手続きであると思われる．

◆ 6.4 事例分析

6.4.1 語彙的構文化①：*dom*

最初の事例として，この項では T&T が語彙的構文化の事例としてあげた *dom*

の歴史的発達を見ていく．古英語の複合語 dom は，現代英語の doom と同じ長母音で発音され，'doom, judgment, authority to judge' といった意味を表していた．形式的には，(5a)のように独立した名詞として用いられる場合もあれば，(5b)のように語の一部として用いられる場合もあった．いずれの場合においても，複合語の右側 (X-dom) に位置し，左側の要素 (X) とは，(5a)では属格が用いられ，(5b)では1語として綴られていることからもわかるように，明確な依存関係があった．

(5) a. for ðam ðe   hit is   Godes   dom
       for that that it   is   God-GEN   law-NOM
     'because it is God's law'
          (Deut (c1000 OE Heptateuch) B 8 1.4.5 [Dictionary of Old English Corpus] / T&T: 170))

   b. for ðan þe he æfter cristes   þrowunge   ærest
       for that that he after Christ-GEN suffering   first
      martyr/dom   geðrowade
      martyrdom   suffered
     'because he was the first to suffer martyrdom after Christ's sufferring'
          (c1000 ÆCHom I.3 [Dictionary of Old English Corpus] / T&T: 170))

dom の左側の要素には，名詞だけでなく(6)のような形容詞も生起しており，このような接尾辞 (suffix) の振る舞いをする dom は900年頃にはみられた．

(6) Ðæt is   se   *freodom*   ðætte mon   mot
     that is   the   freedom-NOM   that   man-NOM   may-3S
     don   ðæt   he   wile.
     do-INF   that he   want-3SG PRES
    'That is freedom, that a man may do as he will.'
          (c890 Beothius B 9.3.2 [Dictionary of Old English Corpus] / T&T: 171))

Dietz (2007) の調査によれば，古英語期には2千例以上の dom の事例があり，最もトークン頻度の高い wisdom 'wisdom' にいたっては900例以上あった．このように，古英語期においては dom を使った複合語のトークン頻度が高かったものの，Haselow (2011) によれば dom のタイプ頻度は22例にとどまっている．Haselow の調査は限られたサイズのコーパスに基づくものではあるが，同じコーパスで 'quality of' を意味する -ness が220例検出されていることから，古英語

期においては[X-*dom*]が十分には定着していなかったと結論付けている.以上の観察に基づき,T&Tは,*wisdom*など個々の実例から抽出されるマイクロ構文のレベルでは語彙的構文化がみられたとみている.

古英語の名詞 *dom* には 'doom,' 'dignity,' 'power,' 'choice' などの意味があったが,最も中心的な意味は(7)に示される 'state' や 'condition' であった.

(7) Hi   on   dryhtlicestum   ***dome***   lifdon.
    They   in   lord-like-SUPERATIVE DAT   condition-DAT   lived
    'They lived in a most lord-like condition.'
    (*Seafarer* 85 [Dictionary of Old English Corpus] / T&T: 172)))

この中心的な意味が[X-*dom*]の構文的意味として漸進的に拡張していき,10世紀末までサブ・スキーマとして表れ始めた.このように,[X-*dom*]は古英語期にはマイクロ構文レベルだけでなくスキーマレベルにおいても構文化したものの,その後中英語期においても生産性に変化はなく,-*scipe* や -*ness* など他の類似した意味や接辞的機能を持つ要素との競合 (rivalry) が原因となって,ホストクラスの縮小 (host-class reduction) や衰退へ向かうという構文変化が起こっている.ただし,*dom* が完全にその生産性を失ったわけではなく,Marchand (1969: 263) によれば,1800年頃以降,*dom* はたとえば *officialdom* のような軽蔑的な意味合い (pejorative character) で用いられている.

ところで,特に古英語期における一連の[X-*dom*]の発達は,Haselow (2011) では文法化の事例として捉えられている.しかしながら,T&Tの枠組みによれば,[X-*dom*]というスキーマによって生み出される実例は,意味としては抽象的ではあるものの内容豊かなものであり,何ら手続き的ないしは直示的意味を生み出すものではない.よって,X-*dom* の形式を持つ語は,文法的構文化の事例ではなく語彙的構文化の事例ということになる.

6.4.2 語彙的構文化②:*garlic*

前項でみた *dom* はある程度の生産性を持ち,比較的合成性の高い複合的語彙構文 (complex lexical construction) であったが,この項で扱う *garlic* のような語は生産性を持たず,合成性が低い原子的語彙的構文 (atomic lexical construction)

6.4 事例分析

の事例である.

garlic は古英語では *gar* 'spear' と *leak* 'leek' の複合語であり, *breadleac* 'bread leek' や *hwitleac* 'white leek,' *cropleac* 'sprout leek' などのように, *leak* が第2要素となって玉ねぎの種類を表す語がいくつかあった. これらの結合要素にはさまざまな関係が含まれており, *garleac* は先が細くなる形状を槍に見立てたメタファーにより, *cropleac* は芽の部分に焦点を当てたメトニミーにより, それぞれできた語であると考えられる. このように, 古英語期には, 小集団ではあるものの, [X-*leak*] という下位スキーマが形成されていた. (8), (9)はそれぞれ, 古英語と中英語における事例である (なお, (9)の *garlek* には写本により *garleek, garlic, galike* などの変異形がある).

(8) Genim **garleac** þreo heafdu
    take garlic three heads
   'Take three heads of garlic'
           (Leechbook [Dictionary of Old English Corpus] / T&T: 181)

(9) Wel loued he **garlik**, onions and eek leeks.
    well loved he garlic onions and also leeks
        (1390s Chaucer, *C. T. General Prologue* [MED, *garlek*] / T&T: 181))

leak 'leek' という形式が (特定の種類の植物として) 残存する一方で, *leak* を第2要素とする複合語は消失し, [X-*leak*] という下位スキーマが消失することになる. つまり, *garlek* は [X-*leak*] の事例ではなく, それ自体が内容豊かな意味を有するマイクロ構文として定着するに至ったという意味で, 語彙的構文化したと分析することができる.

garlic の語彙的構文化以降, OED が最後に記載されている *gar* の用例は15世紀はじめのものであり, [X-*leac*] という下位スキーマの存在を示す用例も中英語期以降は観察されていない. また, 綴り字の変異形の存在は潜在的に音声的な特性の存在を示すものであるが, そのような綴り字の変異も時代とともに減っていき, *garleek* として OED に記載されている最後の用例は17世紀のものであり, それ以降は *garlic* に落ち着いている.

以上のような *garlic* の発達にはスキーマ性の消失 (loss of schematicity) や生産性の消失 (loss of productivity), および合成性の消失 (loss of compositionality)

が観察される．また，通時的変化としては漸進的なものであり，共時的にも段階性を持ちながら変化し，その結果として原子的語彙的構文としてネットワークに位置付けられるに至っている．

6.4.3 文法的構文化：*several*

これまでは語彙的構文化の事例をみてきたが，この項では，文法的構文化の事例として，*several* の発達をみていく．*several* はもともと(10)のような限定用法 (attributive use) で 'separate, distinct' の意味として用いられていた．

(10) a. Of whech xiii Defendauntz, iche persone by ye lawe
　　　 of which thirteen defendants each person by the law
　　　 may have a **several** Plee and Answere.
　　　 may have a sepatate plea and answer
　　　 'Of these thirteen defendants, each is entitled by law to submit a separate plea and have an answer.' (1436 *RParl* [MED *defendaunt* (n.)] / T&T: 215)
　　 b. All men should marke their cattle with an open
　　　 all men should mark their cattle with an open
　　　 severall marke upon their flankes.
　　　 distinctive mark on their flanks
　　(1596 Spencer, *State Irel.* [OED *several* Adj, A I.i.d; Breban 2010: 348] / T&T: 215)

(10)の用例では *several* は単数形名詞と共起しているが，(11)のように複数形名詞と共起する例もある．

(11) All the sommes of the said xth part... be restored
　　 all the sums of the said tenth part... to-be restored
　　 and repayed to the **severall** payers thereof.
　　 and repaid to the separate payers of-it
　　　　　　　　　　　　　(1474 *RParl.* (MED: *paier(e)* (n.) / T&T: 215))

次の(12)では，*several* が個別的・配分的な複数を表す限定詞後要素（postdeterminer）として使われており，意味も変化していることから，*several* が構文化しているものと考えることができる．

(12) The Psalmist very elegantly expresseth to us the **several** gradations by which men at last come to this horrid degree of impiety.

(1671 Tillotson, *Sermons* (Helsinki Corpus ceserm3a / T&T: 216)))

この変化に付随してトークン頻度が増していき，単数形名詞との共起の減少と複数形名詞との共起がみられるようになる．初期近代英語期になると，*several* はさらに構文化が進み，(13)のように数量限定詞（quantifying determiner）となり，形式的には複数名詞 *thousands* ではなく単数形の *thousand* と共起し，配分的な意味ではなく 'a few' の意味で使われるようになった．

(13) We have provided accommodation now for ***several*** thousand of the most helplessly broken-down men in London.

(1890 Booth, *Darkest England* (The Corpus of Late Modern English Texts / T&T: 216))

several は18世紀の終わり頃にはもともとの差異を表す形容詞（'distinct'）の意味としては使われなくなり，20世紀までには数量詞としての用法が優勢になる．この一連の発達により，*several* は英語における数量詞スキーマの一部に位置付けられることになることから，文法的構文化の事例と考えることができる．

6.4.4 構文変化：*man*

これまで，2種類の構文化（すなわち語彙的構文化と文法的構文化）の事例をみてきたが，必ずしも（単）語のすべてが通時的に構文化（すなわち形式と意味の双方の変化）するわけではない．本項では，意味のみが変化する構文変化の事例をとりあげる．

古英語期の *man* には(14)のような「人間（'human being'）」の意味と(15)のような「男性（'adult male human being'）」の意味があり，ダーキン（Durkin, P.）によれば，プロトタイプ的な意味は前者であり，後者の解釈は特定の文脈においてのみ可能であった（Durkin (2009: 223-224, 227))．

(14) Æt þam uhtsange rœde man þœre godcundan lare bec
at the nocturn read one the divine doctrin's books
'At the nocturn Holy Scriptures should be read.'

(*Benedictine Rul*, 9. 11 / Rissanen (1997: 514))

(15) a. Hwa is wyrhte þære synne? Mann is wyrhte þære
who is worker of-the sin man is worker of-the
synne, & deofol tyhtere.

sin   and   devil   inciter
'Who is the performer of sin? Man is the performer of sin, and the devil the instigator'
　　　　　　　　　　　　　　　　　　　(*Eluc* 1, 8 / van Bergen (2003: 18))
b. *Mann*　wæs　fram　gode　asend.　þæs　　nama　wæs　iohanenes.
　Man　　was　from　God　sent　　whose　name　was　John
'A man was sent by God, whose name was John'
　　　　　　　　　　　　　　(*Jn* (WSCp) 1.6 (Liuzza (1994) / van Bergen (2003: 18)))

「人間」の意味を表していた *man* は古英語においては不特定代名詞 (indefinite pronoun) として使われることが多く, *sum* ('some'), *œning* ('any'), *hwa/hwæt* ('what') との競合関係にあって, (14)のように主語位置にのみ生起するという統語的制約はあるものの, 最も頻繁に用いられていた.

他方,「男性」を表す意味としても, 古英語には *man* の他にも *wer* や *wæpmann* があり, それらはそれぞれ,「女性」を表す *wif* (現代英語の *wife*) と *wifmann* (現在英語の *woman*) の対義語として用いられていた. このように, 古英語期では (人間を表す) 不定名詞を表す意味領域 (Rissanen (1997: 514)) によれば '*some/any* 代名詞 ('*some/any*' pronoun)) と「男性」の意味を表す意味領域において競合していたが, このようなある時代におけるある意味領域内の語と語の競合関係を調べることもまた, 語の意味変化を理解する重要な鍵となる. *some/any* 代名詞の中の *man* の使用は中英語期末には衰退し,「人間」を表す意味についても徐々に用いられなくなった. 近年では, フェミニズムの流れもあり, 社会的にもその意味での使用が忌避されている.「男性」の意味での *man* については, *wer* や *wæpmann* は初期中英語期には使われなくなり, *man* が男性を表す一般的な語となっていった. このような *man* の歴史的発達は意味上の変化であり, 形式上の変化を伴わないことから, T&T における構文変化の事例であるといえる.

ところで, *man* の歴史的発達は, 長い間, 文法化理論においても議論の対象となってきた. Newmeyer (1998: 275) は, van Gelderen (1997) の考察に基づき, 上述の *man* の通時的変化は, (不定) 代名詞 ('one') から完全名詞 (full lexical noun) ('man') への変化であり, 文法化研究においてしばしば議論される, 語彙的要素から文法的要素へ変化するという一方向性仮説 (unidirectionality hypothesis) に対する反例となるものであると主張している．これに対して，Haspelmath (2004: 33ff) は man の発達を文法化ではなく撤回 (retraction) の事例であると主張している．Haspelmath (2004) によれば，「撤回」とは「ある言語表現が，いったんは意味拡張の傾向を示すものの，その後，その拡張した意味が何らかの理由で使われなくなり，意味拡張が始まる前の用法にその使用が制限されていく」という言語変化である．man の歴史的発達はこの「撤回」の事例に該当し，古英語期に意味が重層化 (layering) した結果として，文法的な意味が拡張をみせるものの，そのメカニズムは明確ではないものの，その後撤回を起こしたものと考えられる．

◆ 6.5 まとめ

この章では，事例として内容語 dom, garlic, several, man をとりあげ，構文文法理論に基づき，それらの歴史的な意味の発達を，使用されるコンテクストとの関係からみてきた．語の意味変化は，たとえば類義語間の競合のような当該の時代における当該言語の言語内的環境要因やフェミニズムのような言語を取り巻く社会的な環境によっても大きく左右される．従来の文法化理論（や語彙化理論）では，橋渡し文脈 (bridging context) の存在として知られるように，語が共時的には多義的となることについて理解の共有があるものの，通時的には語彙的な要素から文法的な要素（あるいはその反対）への変化といった一方向性仮説の観点から議論される場合が多い．しかしながら，一つの語の中にもいろいろな意味があり，それぞれの意味がすべて同一方向に変化するわけではない．たとえば，一つの語であっても多義化によって複数の意味が生じた場合，ある意味が文法化し，別のある意味が語彙化することはあり得ることであり，それらが時期的に同時に進行することも，異なる時代に起こることも十分に考えられる．語（＝構文）とそれが使用されるコンテクストに焦点を当て，そこから読み解くことができる話し手と聞き手の相互作用という視点から語の歴史的な変化を捉える通時的構文文法理論では，ある特定の言語表現における多面的 (multifaceted) な変化の姿を捉えることが可能となる．

より深く勉強したい人のために

- 秋元実治・前田満（編）（2013）『文法化と構文化』ひつじ書房．

    構文文法理論に基づく歴史研究は，国内・国外を問わず，今のところ決して多いとはいえないが，この論文集には構文文法理論の考え方を念頭に置いた通時的研究が何編か所収されており，他の所収論文と併せて読むと，わが国における構文研究の多様性と可能性を感じることができよう．

- Bybee, Joan（2010）*Language, Usage, and Cognition,* Cambridge: Cambridge University Press.

    使用頻度が構文変化に果たす役割については，Traugott and Trousdale（2013）と見解が異なる部分があるものの，用法基盤モデルに基づき，言語の特に意味の歴史的変化が豊富な具体例とともに論じられている．

- Hilpert, Martin（2013）*Constructional Change in English: Developments in Allomorphy, Word Formation, and Syntax,* Cambridge: Cambridge University Press.

    Traugott and Trousdale（2013）と構文文法の理念を共有しているものの，構文化と構文変化を区別していない点や統計学的な分析手法が用いられている点が異なる．Traugott and Trousdale（2013）と併せて読むと，現時点での歴史的構文文法理論のおおよその立ち位置を理解することができる．

- Traugott, Elizabeth Closs and Graeme Trousdale（2013）
    Constructionalization and Constructional Changes, Oxford: Oxford University Press.

    本章で紹介した部分以外にも，構文文法理論の枠組みや用法基盤モデルの考え方，コンテキストの役割などに対する詳細な説明がある．

文　献

興膳宏（2011）『仏教漢語 50 話』岩波書店．
大門正幸・柳朋宏（2006）『英語コーパスの初歩』英潮社．
高田博行・椎名美智・小野寺典子（編），『歴史語用論入門―過去のコミュニケーションを復元する』大修館書店．
Allan, Kathryn（2009）*Metaphor and Metonymy: A Diachronic Approach,* West Sussex: Wiley-Blackwell.
Allan, Kathryn（2012）"Using OED data as evidence for researching Semantic Change," in Allan, Kathryn and Justyna A. Robinson（eds.）*Current Methods in Historical Semantics,* Berlin and Boston: Mouton de Gruyter, 17-39.
Bybee, Joan（2010）*Language, Usage, and Cognition,* Cambridge: Cambridge University Press.
Dietz, Klaus（2007）"Denomnale Abstraktbildungen des Altengischen: Die Wortbildung der Abstrakta auf *-dom, -had, -lac, -ræden, sceaft, -stœf* unid *-wist* und ihrer Entsprechungen

im Althochdeutschen und im Altnordischen," in Hans Fixed (ed.) *Beiträge zur Morphologie. Germanisch, Baltisch, Osteseefinnisch*, Odense: University Press of Southern Denmark, 97-172.

Durkin, Philip (2009) *Oxford Guide to Etymology*, Oxford and New York: Oxford University Press.

Goldberg, Adele E. (1995) *Constructions: A Construction Grammar Approach to Argument Structure*, Chicago: University of Chicago Press.

Haeslow, Alexander (2011) *Typological Changes in the Lexicon: Analytic Tendencies in English Noun Formation*, Berlin: Mouton de Gruyter.

Haspelmath, Martin (2004) "On Directionality in Language Change with Particular Reference to Grammaticalization," in Fisher, Olga, Muriel Norde, and Harry Perridon (eds.) *Up and Down the Cline – The Nature of Grammaticalization* (Typological Studies in Language, 59), Amsterdam and Philadelphia: John Benjamins, 17-44.

Hoffmann, Sebastian (2004) "Using the *OED* quotations database as a corpus – a linguistic appraisal," *ICAME Journal* 28, 17-30.

Hilpert, Martin (2013) *Constructional Change in English: Developments in Allomorphy, Word Formation, and Syntax*, Cambridge: Cambridge University Press.

Israel, Michael (1996) "The *Way* Construction Grow," in Goldberg, Adele. E. (ed.) *Conceptual Structure, Discourse, and Language*, Stanford: CSLI Publications, 217-230.

Johnson, Samuel (1755) *A Dictionary of the English Language*, London.

Langacker, Ronald W. (2000) "A Dynamic Usage-Based Model," in Barlow Michael and Suzanne Kemmer (eds.), Stanford: CSLI Publications, 1-65.

Lowth, Robert (1762) *A Short Introduction to English Grammar with Critical Notes*, London.

Mair, Christian (2006) "Nonfinite Complement Clauses in the Nineteenth Century: The Case of *remember*," in Kyotö, Merja, Mats Rydén, and Erick Smitterberg (eds.) *Nineteenth Century English: Stability and Change*, Cambridge: Cambridge University Press, 215-218.

Marchand, Hans (1969) *The Categories and Types of Present-Day English Word Formation: A Synchronic-Diachronic Approach*, Muenchen: Beck'sche Verlagsbuchhandlung.

Murphy, Lynne, M. (2010) *Lexical Meaning*, Cambridge: Cambridge University Press.

Newmayer, Frederick J. (1988) *Language Form and Language Function*, MA: MIT Press.

Rissanen, Matti (1997) "Whatever Happened to the Middle English Indefinite Pronouns," in Fisiak, Jacek (ed.) *Studies in Middle English Linguistics*, Berlin and New York: Mouton de Gruyter, 513-529.

Traugott, Elizabeth Closs and Graeme Trousdale (2013) *Constructionalization and Constructional Changes*, Oxford: Oxford University Press.

Tieken-Boon van Ostade, Ingrid (2009) *An Introduction to Late Modern English*, Edinburgh: Edinburgh University Press.

van Bergen, Linda (2003) *Pronouns and Word Order in Old English: with Particular*

Reference to the Indefinite Pronoun Man, New York and London: Routledge.

van Gelderen, Elly (1997) *Verbal Agreement and the Grammar behind Its "Breakdown" Minimalist Feature Checking*, Niemeyer: Tübingen.

第7章 借入語にみる意味変化

前田　満

◆ 7.1 はじめに

　借入 (borrowing) と言語変化の密接な関係はかねてから指摘されており，また，借入と意味変化の関係についても随所で言及がなされてきた．だが，筆者の知るかぎり，現在のところ後者についての体系的な研究は十分になされていない．そこで本章では，これまでに文献でとりあげられてきた事例を整理したうえで，筆者独自のデータと見解を示しつつ議論を進める．また，本シリーズの性格上，おもに日英語の例を中心にすえ，適宜，他言語の例を補助的に用いることにする．

　さて，借入語 (loanword) は借入に際してさまざまな変化を受けやすい．たとえば，日本語の「ミシン」は英語の (sewing) machine〈(裁縫) 機械〉に由来するが，おそらく英語の母語話者が「ミシン」と聞いてもその語源を想像するのは困難であろう．これは借入語が日本語の音韻構造に同化した結果である．また，借入語に自国語の接辞 (affix) を添加することも珍しくない．『英語語源辞典』(寺澤 1997) によると，英語の tender〈優しい〉は古フランス語 (Old French, OF) の tendre (<L tener〈柔らかい〉) に由来する (L=ラテン語)．だが，その名詞形は tenderness〈優しさ〉で，英語本来の名詞接尾辞 -ness を用いる．これは借入語が英語の形態的構造に同化した結果である．このような借入語の音韻的・形態的変化については，過去の文献で比較的詳細に論じられてきた (Hock 1986, Winford 2003: 46ff)．一方，借入と意味変化の関係についてはそれほど真剣に扱われたことはない．このような状況を受け，本章では，借入をめぐる意味変化にはどのようなパターンがみられるか，またそれらのパターンがどのような動機から生ずるかに光を当てる．

本章の構成は次のとおり．7.2 節では，借入について簡単に説明した後，キーワードとなる術語を紹介し，また借入の動機にもふれる．7.3 節から本題に入り，まずは借入をめぐる意味変化のパターンについて論ずる．ここでは，借入語それ自体の意味変化（7.3.1 項）と，借入語の導入が刺激となって生ずる意味変化（7.3.2 項）をとりあげる．また，前者についてはおもに日本語の英語借入語を，後者についてはおもに英語史の例をサンプルとして用いる．7.4 節では，7.2 節でふれた借入の動機からどのようにして観察された意味変化のパターンが生ずるかを考察する．7.5 節は本章の簡単なまとめである．

◆7.2　借入とその動機

さて，ここで本章のテーマの一つである借入について基礎的事項を確認しておく．まず，「借入」とは，話者が他の言語からさまざまな言語素材（linguistic material）を自国語にとり入れるプロセス全般を指す（Sheard 1954, Anttila 1972, Hock 1986, Denning et al. 1995, Thomason 2001, Winford 2003, Durkin 2009, Matras 2009 など）．したがって，本来，借入される「言語素材」には，単語に加えて，音韻的特性や形態素（morpheme）といったものも含まれるが，本章では紙数の関係上，語彙借入（lexical borrowing）のみを議論の対象とする．ところで，借入を言語素材の「コピー」（copy）とする見方があるが，「コピー」の精度は千差万別である（Furiassi and Gottlieb 2015: 7）．たとえば，先ほどふれた「ミシン」や「アイロン」などでは，音韻面に関して特に「コピー」の精度が低い．語義の「コピー」についてもこれと同じことがいえる．実際，本章で明らかとなるように，それこそが借入語の意味変化の「種」となるのである．

本章では，借入のプロセスにおいて，言語素材を提供する側をドナー言語（donor language），言語素材を享受する側を借入言語（borrowing language）と呼ぶ．また，借入の対象となる語を「借入対象語」（target word）と呼び，借入語に対して借入言語本来の語を「本来語」（native word）と呼ぶ．なお文献においてよく「借入」という術語それ自体の不適切さ（語を現実に「借りる」わけではない）が取りざたされ，しばしばそれに代わる他の呼称が提案される（Durkin 2009: 132, Matras 2009: 146）が，本章では無用な誤解を避けるため，慣例に従い，

従来のとおり「借入」を用いる．

いうまでもなく借入は言語接触（language contact）のコンテキストにおいて生ずる——それどころか，言語接触の状況下において借入はまさに不可避の帰結とさえいえる（Durkin 2009: 132）．文献で頻繁にとりあげられる借入の動機には，おもに（ⅰ）語彙の「空白」（gap）の充填（これは以前に存在しなかったより細かな意味の区別の導入をも含む（Winford 2003: 38））と（ⅱ）ドナー言語が持つ「権威」（prestige）の借用がある（Winford 2003: 37, Durkin 2009: 142, Matras 2009: 149）．まず，（ⅰ）の動機に関しては，特に文化的事物の名称（たとえば，日本語の「パーティー」，「ベッド」，「ディナー」など），動植物名（「チンパンジー」，「トマト」，「メタセコイア」など），特有の地形の名称（「ステップ」，「キャニオン」，「クレーター」など），科学用語（「ニューロン」，「スキーマ」，「スペクトル」など），そして技術用語（「シミュレーション」，「フィルタリング」，「ログイン」など）などの借入が大部分を占める（Sheard 1954, Durkin 2009 など）．これは借入言語の文化に，そもそもそれらの語が表す概念それ自体が存在せず，当然ながらそれに対応する語も存在しない，というケースである．このようなケースでは，通常，事物が社会に紹介されるのと同時にそれらを表す語の借入がなされる．

一方，（ⅱ）の動機による借入は，話者が政治的にも文化的にもより影響力のある集団の言語を模倣する一環としてなされる．この動機の借入では，借入言語に借入語と同義の本来語が存在するケースが多く，結果として，同義語（synonym）の増加へとつながる．たとえば，英語では，ask〈質問する〉と inquire〈尋ねる〉，あるいは begin〈始める〉と commence〈開始する〉のような，本来語と借入語からなる同義語のペアが目立つ．ただし借入語と本来語は，たとえ同義語とみなされる場合でも，語用論的／社会言語学的に等価とはいえない．というのも，本来語には新奇さや上品さのような借入語に特有の効果が欠けているからである（7.4.2 項）．

（ⅱ）の動機による借入の例として最も有名なものは，英語史における，ノルマン征服（Norman Conquest）後のフランス語借入語の大量流入である．ノルマン人（Normans）の征服者としての政治的優位に加え，その文化（ノルマン文化）は当時のヨーロッパにおいてまさに一流といえ，アングロ・サクソン人（Anglo-Saxons）の文化に対して大きな「優位」に立つものであった．そのため，この時

期の借入語にはドナー語の「権威」によるものと思われる借入語が多い．実際，この時期の1万語ともいわれる借入語のなかには，英語にも同義語が存在したものが相当数にのぼる（Sheard 1954）．これと同様の「権威」による借入としては，中世日本社会の中国語からの借入（Winford 2003: 36-37），そして第二次世界大戦後の英語借入語の流入があげられる（Winford 2003: 32）．

　これらに加えて，もう一つ重要な借入の動機に（ⅲ）表現効果の追求がある．これは先行研究では伝統的に（ⅱ）の動機のサブカテゴリーとして扱われてきたが，近年の国際化社会におけるコミュニケーションではとりわけ重要な役割を果たしているとみられる．とりわけ第二次世界大戦後の日本では，「カタカナ語の氾濫」とでもいうべき状況がみられ，「スタート」，「テキスト」，「ケア」，「サポート」，「オープン」といった無数の借入語が日常語の世界にも深く浸透している．これらの借入語は，本来語と基本的に同じ事物を指示するが，コノテーション（connotation）として洗練された語感をもっている．これは，たとえば，「水晶」と「クリスタル」，あるいは「議論」と「ディスカッション」のイメージの違いを考えてみればわかりやすい．これらの借入語の導入はいずれも表現効果をねらったものとみなし得る――これらの借入語をちりばめることによって，英単語の持つ新奇さや上品さ，しゃれた感じなど，話し手が目指す効果を発話に与えることができる．特に第二次世界大戦後の日本では，このような表現効果をねらった外来語の使用が日常的にみられ，そのうちの多くは時を経てすでに借入語として定着した感が強い．いうまでもなく，このような英語由来の外来語の多用は，戦後の日本人が英語と英語圏文化の優位を認め，それらにポジティブな価値を付加したことがおもな動機となっている．また，戦後日本社会で英語教育が浸透した結果，英語に対する親近感が増したこともその要因の一つとしてあげられよう．

◆ 7.3　借入と意味変化

　本節では，借入をめぐる意味変化のパターンの類型を試みる．筆者の調査によれば，借入をめぐる意味変化には次の二つのタイプがある．すなわち，（A）借入語それ自体の語義が変化するケース，そして（B）借入が刺激となって本来語あるいは借入語に生ずる意味変化である．（B）は文献において比較的頻繁にとりあ

7.3 借入と意味変化

げられるが，(A) のケースは比較的最近になってようやく研究者の注目を集めるようになった．以下の節では，それぞれのケースについて順次論ずる．

7.3.1 借入語の意味変化

本項でとりあげるのは，借入語が借入を契機に意味変化をとげるケースである．はじめに断っておきたいのは，現段階ではこのケースの扱いは十分に確立されていないということである．たとえば，日本語の「スマート」，「サービス」，「カンニング」などはその典型である．「スマート」は〈すらりとした見た目のよい体型をした〉を意味するが，英語の smart にはそれに直接結び付く語義が存在しない（亀田他 2014: 109）．そのため，これを意味変化とみるか，あるいは英語素材に基づく造語（neologism）とみるかはもっか見解の分かれるところである．日本の研究者は，しばしばこのタイプの「外来語」を「和製英語」（英語の要素を用いた造語）として扱うが，これはけっして無理からぬことなのである．

このタイプの「借入語」については，近年，ヨーロッパの諸言語において詳細な調査がなされ（Furiassi and Gottlieb 2015），これらの借入語の例は *A Dictionary of European Anglicisms*（Görlach 2001）に多数収録されている．たとえば，ドイツ語の handy（＜E handy〈便利な〉）〈携帯電話〉はその１例である（E＝英語）．これらの研究において，このタイプの「借入語」をある種の造語とする立場に立つ研究者は，これを「借入」ではなく，「疑似借入」（pseudo-borrowing）と呼ぶ．たとえば，次の引用を参照．

> Pseudo-borrowings ... occur when genuine lexical borrowings, or elements thereof, are reinterpreted by the speakers of various [borrowing] languages, resulting in formal and/or semantic changes related to the words in question.
> (Gottlieb and Furiassi 2015: 3-4)

これは英語語彙に基づく造語という点で，「疑似借入」というよりはむしろ「英語基盤の造語」（English-based neologism）と呼ぶべきだという見解もある．この点からすると，日本語の「和製英語」は疑似借入のクリエイティブな側面を捉えた適切な呼称だといえる．

さて，筆者の調査によると，借入語それ自体に生ずる意味変化には，おもに①特殊化（specialization），②意味拡張（semantic extension），そして③意味転換

(semantic shift) という，三つのパターンが存在する．ただし断っておくが，この類型はもとより厳密なものではなく，あくまでも目安と考えてほしい．というのも，個々のケースでは，どのカテゴリーに分類すべきか判断に苦しむものが相当数にのぼるからである．なお本節では，おもに日本語にみられる英語借入語をサンプルとして用いる．

a. 意味の特殊化

では，①の例からみていこう．このカテゴリーには，借入語がドナー言語の借入対象語より有意に狭くかつ偏った意味しかもたないケースが含まれる．実際，意味の特殊化は，借入語の意味変化としては最もありふれたタイプである（特殊化については，Luján（2010）および前田（2012: 111-112）を参照）．たとえば，日本語の「アイドル」は英語の idol に由来する．LODCE[6] によると，idol には 'someone or something that you love or admire very much'「強く愛され崇拝される人物」と 'a picture or statue that is worshipped as a god'「神として崇められる絵画あるいは像」，という二つの語義がある．「アイドル」は前者の意味でのみ使われ，宗教的崇拝の対象となる，いわゆる〈偶像〉は表さない．むしろ「アイドル」は特に芸能界で活躍する人気スター（e.g.「アイドル歌手」），または比喩的に仲間内の「人気者」（e.g.「職場のアイドル」）を指して使うのがふつうで，しかも容姿のよさをも含意する．要するに，「アイドル」は idol よりも表す語義の範囲が狭くかつ特殊となっている．同様に，「ブランド」は英語の brand〈銘柄〉に由来するが，「ブランド品」にみるように，価格帯の高い銘柄とその製品を指すことが多い．大衆向け商品は通常「ブランド品」とは呼ばれない．したがって，この場合も，借入語は借入対象語より表す指示対象の範囲が狭くしかも特殊であるといえる．

同様の例として次のようなものがある：「アイロン」（＜E iron〈鉄〉，金属製のこてのみを指す），「アーム」（＜E arm〈腕〉，人間の腕は指さない），「エキストラ」（＜E extra〈余分なもの〉，映画などの出演者のみを指す），「クリーニング」（＜E cleaning〈清掃〉，おもにプロのスタッフによる洗濯を指す），「サーキット」（＜E circuit〈円周〉，おもにレースのコースを指す），「シスター」（＜E sister〈妹〉，女性聖職者（キリスト教）のみを指す），「スカウト」（＜E scout〈偵察〉，芸能人の勧誘・引き抜きのみを指す），「スペース」（＜E space〈空間〉，おもに空いた場

所を指す),「チャンネル」(＜E channel〈海峡〉, おもにテレビの周波数を指す),「ツーリング」(＜E touring〈旅行〉, オートバイでの旅行のみを指す),「デート」(＜E date〈日付〉, 男女の逢引のみを指す),「バスト」(＜E bust〈胸部〉, おもに女性の胸部(乳房)を指す),「ヒット」(＜E hit〈打撃〉, おもに野球の安打, あるいは大成功すること (e.g.「ヒット曲」) を指す),「ピル」(＜E pill〈錠剤〉, 経口避妊薬のみを指す),「ブレイク」(＜E break〈破壊, 中断〉, おもに休憩 (e.g.「コーヒー・ブレイク」) あるいは人気の急上昇 (e.g.「女子高生にブレイクする」) を指す),「プロテクター」(＜E protector〈守護者, 保護物〉, スポーツの防護用具のみを指す),「プロポーション」(＜E proportion〈比率〉, 身体部分の比率のみに用いる),「ミシン」(＜E machine〈機械〉, 裁縫専用の機械のみを指し, それ以外の機械は「マシン」と呼ばれる),「ポイント」(＜point〈点〉, 通常, 要点または評価のみを指す (e.g.「ポイントを押さえる」,「ポイントが高い」)),「ホステス」(＜hostess〈女主人〉, バーなどの女性接客係のみを指す), など.

以上の例にみるように, 借入語の語義は借入対象語の多義のうち特定の語義に限定される傾向が強い. しかも「アイロン」や「アーム」のように, 借入語の語義が借入対象語のプロトタイプ (prototype) 的意味でないことも珍しくない (語義のプロトタイプ構造については, Lakoff (1990) および前田 (2012: 120) などを参照).

b. 意味拡張

このカテゴリーの例と前項の例の根本的相違は, 前者において借入対象語にももともと存在しなかった語義がみられる点である. たとえば,「プリント」は〈印刷物〉を指すが, 借入対象語 print〈印刷〉にはそのような意味はない (亀田他 2014: 194). したがって,〈印刷物〉(英語では 'printed materials') の意味は借入の際あるいはその後に生じた日本語に特有の語義である (そのため, 一般に「和製英語」とされる). ただしこの例では, 借入対象語の語義からの意味拡張の動機が比較的容易に想定できる. たとえば,「プリント」の〈印刷物〉の意味は, 過程を表す概念を過程の産物へと結び付けるメトニミー (metonymy) 拡張から生じた可能性が高い (メトニミーについては, Kövecses (2002), Gibbs (1994) などを, また, 意味変化におけるメトニミーの役割については, 前田 (2012: 127-130) を参照). また,「ブリーチ」は英語の動詞 bleach〈漂白する〉に由来するが,〈漂白

に加えて〈(頭髪の)脱色〉をも意味する．というより，日本語ではむしろ後者を指して用いられることが多いように思われる．この場合も，〈漂白〉と〈(頭髪の)脱色〉の概念的類似性の高さからして，これはメタファー（metaphor）による拡張の可能性が高い（メタファーについては，Lakoff and Johnson（1980）およびKövecses（2002）などを，また，意味変化におけるメタファーの重要性については，前田（2012: 125-127）を参照）．以上のように，このカテゴリーに属する例では，意味拡張の認知的動機が比較的明らかで，この点において次節で扱う例とは異なる．

このカテゴリーに属する他の例としては次のようなものがある：「エスケープ」，「シール」，「センス」，「タレント」，「ニヒル」，「バイキング」，「(自動車の)ハンドル」，「ベテラン」，「ボーイ」，「メリット」，など．以下では，これらのうちのいくつかについて意味拡張の動機を探ってみたい．

(a) 「エスケープ」は英語の escape〈脱出〉に由来するが，日本語では〈授業からの脱出〉以外の語義は定着度が低いように思われる．「エスケープ」に相当する英語表現は 'cut a class' で，「脱出」というイメージはない．実際，英語の escape は LODCE[6] によると，'to leave a place when someone is trying to catch you or stop you, or when there is a dangerous situation'「何者かがあなたを捕えようとするかあなたの行動を制止しようとする場合，または危険な状況が存在する場合に，ある場所から立ち去ること」を意味し，身の危険の回避という含みがある．とすると，英語で授業から抜け出すことを escape と呼ばないのは，授業には危険性が感じられないからであろう．ただし退屈な授業を「不快なもの」とみなすならば，不快な授業からの「脱出」は escape の比喩的事例と見立てることも可能である．このように，「エスケープ」にみられる意味拡張は，メタファーに基づくものと考えてよい．

(b) 「シール」は英語の seal〈封〉に由来する借入語だが，日本語の〈絵や文字を印刷した装飾用の糊つき紙片〉という語義は借入対象語には存在しない．これは「シール」と封印用の紙片との形状の類似性に基づくメタファー拡張の例と思われる．ちなみに「シール」の概念により近い意味の英単語は sticker〈ステッカー〉だと思われるが，こちらが選ばれなかった理由は不明である．日本語の「ステッカー」はおもに装飾用の「シール」とはやや用途が異なる．

(c) 英語の merit〈長所，美点，とりえ〉が事物の優れた特徴を表すのに対して，日本語の「メリット」はむしろ〈利益〉を指して用いられることが多い．たとえば，

「メリットのある仕事」は〈利益の大きな仕事〉を意味し，概念的にはむしろ英語の advantage〈得，利益〉に相当する．この点からすると，「メリット」の〈利益〉の語義は借入後に生じた可能性が高い．実際，「美点＞利益」の意味拡張は理解しやすく，想定範囲内に収まる．この意味拡張は隣接概念を結び付けるメトニミーと関連があると思われる．

以上のように，このカテゴリーの例には，メタファー拡張やメトニミー拡張といった認知的プロセスが関与するものが多い．もっとも意味変化におけるメタファーやメトニミーの重要性を考えれば，借入におけるこれらの認知プロセスの働きの重要性は容易に想像できる．要するに，これらの例では，借入に際して意味拡張がなされ，借入言語においてドナー言語の借入対象語にない語義が新たに創出されたことになる．

c. 意味転換

本項でとりあげる最後のパターンは意味転換である．ここでいう「意味転換」とは，メタファーやメトニミーといった意味変化の一般的メカニズムによって容易に説明できない規則性に乏しい意味拡張を指す．そのため，このカテゴリーの事例は借入言語の文化的背景に基づく連想などに頼らなければ十分に説明できないものが多い．たとえば，本節の冒頭でふれた「スマート」の〈すらりとした美しい体型をした〉という語義は，借入対象語 smart の語義からメタファーやメトニミーなどによって生じたとは考えにくい．同様に，「アバウト」は〈いい加減さ〉または〈大まかさ〉をいう（e.g.「アバウトな性格」,「アバウトな人」）．これがなぜ英語の about の語義〈およそ〉から生じたかを原理的に説明するのは困難である．たしかに連想的な関連は感じられるものの，意味拡張としてはやや概念間の飛躍が大きすぎる．これらの例からもわかるように，このカテゴリーの例の扱いが困難な理由は，メタファー拡張やメトニミー拡張など，よく知られた意味拡張のパターンを示さないからである．結局，このタイプの意味拡張の動機は個々の語ごとに検討する必要がある．

さて，このカテゴリーに属する借入語には，上記の「スマート」と「アバウト」に加えて,「オーバー」,「ガッツ」,「カンニング」,「クローク」,「コーナー」,「コンセント」,「サービス」,「シルバー」（〈高齢者用の〉）,「スクラッチ」,「セルフ」,「トランプ」,「ノック」,「ハーフ」,「ピアス」,「ファイト」（掛け声）などがある．これ

らのうちのいくつかについてより詳しく考察してみたい．

(a) 「オーバー」には，〈大げさな，過分な〉という意味がある（e.g.「オーバーな表現」）．一方，借入対象語 over にはこれに相当する語義はない．これに関連すると思われる over の用法に，〈過度に〉を表す接頭辞（prefix）としての用法がある（e.g. *over*weight〈太りすぎの〉，*over*population〈人口過剰〉，*over*state〈誇張して述べる〉，など）．「オーバー」の語義〈大げさな，過分な〉はこの接頭辞 over- の意味に基づく意味拡張であろうか．あるいは〈過分に〉を表す副詞用法（e.g. Perhaps we were all *over* enthusiastic about the project.「おそらく我々はみなこのプロジェクトに夢中になりすぎていたかもしれない」―LODCE[6]）に基づく意味拡張であろうか．それはともかく，これは over が喚起する多数のイメージの一つを利用した意味拡張であろう．

(b) 「カンニング」は〈（試験での）不正行為〉を指す．一方，英語の cunning の語義は〈ずるさ〉で，日本語の「カンニング」とは概念的に隔絶している（亀田他 2014: 34）．英語では「カンニング」は cheating (at a test) という．ただし「不正行為⇔ずるさ」という双方向的な連想が可能なので，これは〈ずるさ〉と〈（試験での）不正行為〉の間の強い連想的結びつきに基づく意味拡張であろうと思われる．ただし「不正行為」が試験における不正行為に限定された理由は意味拡張だけでは説明できない．

(c) 日本語の「サービス」は〈奉仕〉や〈客のもてなし〉のような英語の service 本来の意味も表すが，同時に商売上の値引きやおまけを付けることも指す（e.g.「今なら送料はサービスとなります」）．ここでもやはり〈客のもてなし〉と〈値引き〉の概念は直接的関係を持たないように思われる．ところが，日本語の「奉仕」はしばしば〈値引き〉の意味で使われる（e.g.「お得なお値段でのご奉仕です」）．要するに，日本の文化では，〈奉仕〉の概念と〈値引き〉の概念は極めて近い関係にあると思われる．とすると，「サービス」の〈値引き〉の語義は「奉仕⇔値引き」の双方向的連想に基づく意味拡張の結果生じたものではないかとも思われる．これは日本人特有の発想に基づく意味拡張であろう．

(d) 「ハーフ」は〈混血児〉を表すが，借入対象語 half〈半分〉にはもちろんこのような語義はない．おそらく「英国人と日本人のハーフ」は英語で 'half English and half Japanese' というので，この表現との連想による意味拡張かもしれない．

(e) 「ファイト」は〈頑張れ〉の意味の掛け声である．明らかに英語の fight〈戦う〉と関連するが，英語では〈頑張れ〉は 'Go for it' などという．英語の fight には〈戦う，対戦する〉という語義があるので，その命令法の意味〈戦え，立ち向かえ〉との連想から，人を奮起させる掛け声としての語義〈頑張れ〉が生じたもの

と思われる.

以上にみたように,このカテゴリーの意味拡張には顕著な規則性がみられない. あるものには借入対象語の語義との連想が関与し,あるものには文化的背景に基づく連想が関与するといった具合である.

7.3.2 借入がまねく意味変化

本項では,借入語の導入の結果,本来語と借入語のいずれか,あるいは本来語と借入語の双方に意味変化が生ずるケースを扱う.以後の議論において重要となるのは,意味場 (sematic field) の概念である.「意味場」とは,隣接する概念からなる概念領域を指す.この概念領域において語の意味が互いに他の語の意味を限定し,それによってそれぞれの意味場が体系付けられる (Ullmann 1962).現代風に述べると,このモデルでは,意味的に関連した語がより集まって人間のカテゴリー化 (categorization) に基づくグループを形成し,そのグループ内においてそれぞれの語の意味が互いに他の語の意味を定義しあうと考えるのである (Traugott and Dasher 2002: 65).たとえば,「家畜」の意味場には,「牛」,「羊」,「馬」,「豚」などが属し,それぞれが互いに他の語の意味を規定している.したがって,sheep が〈羊〉を表すのは,それが ox〈牛〉でもなく,horse〈馬〉でもなく,pig〈豚〉でもないからである.この考えは,隣接した概念を表すおのおのの語の意味がそれらの間の関係性において他の語の意味を限定し決定するとしたソシュール (F. de Saussure) の思想に通ずる (Ullamnn 1962; cf. Saussure 1983: 114).ここではソシュールのいう「隣接する概念」を「特定の意味場において隣接する概念」と言いかえればわかりやすい.

では,ソシュールの有名な例から議論を始めよう.ソシュールはフランス語の mouton は英語の sheep と同じ指示対象(生きた羊)を指すという点では同じ意味を表すが,同価値ではないと述べている (Saussure 1983: 114).これは両者が潜在的に同じ意味を表しうるとしても,表す指示対象の範囲が異なるからである. たとえば,英語の sheep は〈羊肉〉を表さない点がフランス語の mouton より指示の範囲が狭い.同様に,フランス語の mouton も英語の mutton と同価値ではない.後者は〈羊肉〉は表すが,〈生きた羊〉は表さないからである.要するに,フランス語では前者1語で表される意味場を,英語では sheep と mutton の2語

が分け合っている形になる．

　いうまでもなく英語の mutton（＜OF moton〈羊〉）は借入語で，sheep（＜OE sceap〈羊〉）は本来語である（OE＝古英語）．OF の moton は〈生きた羊〉と〈羊肉〉の両方を表したが，借入語の mutton は後者のみを表す．これは特殊化の例である．同様に，mutton の借入後，sheep は〈羊肉〉を表さなくなった．これも特殊化の例である．結局，mutton の借入の結果，mutton と sheep の語義がともに特殊化したことになる．同様の特殊化は sheep だけでなく，ox, pig, deer などにも起き，結果として，sheep, ox, pig, deer などは生きた動物しか表さなくなった．ソシュールの見解によれば，sheep, ox, pig, deer と対立する mutton, beef, pork, venison が導入された結果，前者の価値が大きく変化したことになる．

　同様に，特定の意味場に借入語が新たに導入された結果，意味場内における語間の意味の規定に変化が生じ，意味変化につながった例がいくつかある．英語史から有名な例をいくつかあげてみよう．英語の die〈死ぬ〉は OE 後期の古ノルド語（Old Norse, ON）からの借入語である．OE 本来の〈死ぬ〉は steorfan で，現在では starve〈飢える，餓死する〉に名残をとどめる．要するに，die の借入の結果，starve の意味が上記の意味へと特殊化されたことになる．これはもともと starve のみによって構成されていた〈死ぬ〉の意味場に die が「侵入」した結果，両者の間に価値の対立が生まれ，その結果，意味変化が生じたからである．

　もう一つ有名な例に deer〈鹿〉の特殊化がある．deer（＜OE deor）はもともと〈動物一般〉を指す上位語（hypernym）で，OE 期の〈動物〉の意味場には deer の下位語（hyponym）として oxa（＞E ox）〈牛〉などさまざまな動物の名称が属していた．まずノルマン征服後の 1200 年ごろ，OF から beast（＜OF beste）〈野獣〉が借入され，deer にとって代わって〈動物〉を表す上位語の地位を獲得した．敗れた deer は〈鹿〉となった．これは特殊化の好例である．なぜ deer が〈鹿〉となったかは定かではないが，すでに OE 期から deor が〈鹿〉を指す例がみられる（寺澤 1997: 331）ところからすると，狩猟の主要な対象であった鹿が OE 期の文化においてプロトタイプ的な動物とみなされていた可能性が高い（Anttila 1972: 143）．したがって，deor の〈動物一般〉から〈鹿〉への特殊化はプロトタイプ的意味への限定とみることもできる（前田 2012: 124）．だが，〈動物〉

の意味場にまつわる物語はまだ終わらない．いったんは上位語の地位を奪ったbeastが，今度はこれもOF由来のanimal〈動物〉によって上位語の座を簒奪されるからである．Animalの借入は14世紀で，両者は長期にわたり競合したが，ついに1600年ごろanimalに軍配があがった．その結果，beastの意味は特殊化され，大柄で危険な動物（〈野獣〉）へと限定された．

興味深い点は，競合の結果上位語となるのはたいてい新顔だということである（Anttila 1972: 143）．すなわち，古くからある本来語は限定された特殊な意味を担い，新たに導入された借入語はより一般的な意味を表すようになることが多い．先ほどのanimal同様，英語のdog〈犬〉もONからの借入語で，やはり従来のhound（<OE hund）に代わって一般の犬を表す上位語となった．敗れたhoundは〈猟犬〉として細々と命脈を保っている．ここでもなぜ〈猟犬〉なのかという疑問が生ずるが，これはおそらく猟犬がOE期の文化において狩猟のパートナーとして重宝され，プロトタイプ的な犬とみなされていたからだろう．先ほどのdeerと同様，houndの特殊化もプロトタイプ的意味への限定であると考えられる．

まとめると，特定の意味場に新たな借入語が参入すると，その意味場内に新たな対立関係が生じて体系それ自体が再構成され，その結果，既存の本来語あるいは借入語，またその双方に意味変化が生ずることになる．

◆ 7.4 借入の動機と意味変化

借入をめぐる意味変化のパターンをみたところで，次にどのようなメカニズムによってこれらのパターンが生ずるかを検討したい．本章の冒頭で簡単にふれたように，過去の文献では，（ⅰ）語彙の「空白」の充塡，そして（ⅱ）ドナー言語が持つ「権威」の借用，という二つの借入の動機が提案されている．これらに加えて，7.2節でふれた（ⅲ）表現効果をあげることができるが，後者の動機による借入は，同義語の並列を招くという点で基本的に（ⅱ）と同じ結果につながる．そのため，以後の議論では（ⅰ）と（ⅱ）を中心軸に，さらに（ⅲ）を加えて考察を進めることにする．

（ⅰ）と（ⅱ）-（ⅲ）を動機とする借入の大きな相違は，借入語と同義の本来語

が存在するかどうかである．まず，（ⅰ）の動機による借入では，借入語と本来語の競合は起こりにくい．これは（ⅰ）のケースでは，通常，借入言語の文化に借入語が表す概念それ自体が欠けており，借入言語と同義の本来語が存在しないためである．したがって，このケースでは，意味変化の要因は借入の目的それ自体に根ざしている．（ⅰ）の動機による借入では，借入の目的はまさに語彙の「空白」の充填であってそれ以上のものではない．したがって，借入の際には，借入対象語の多義のうち，語彙の「空白」部分に相当する語義のみが要求される．その結果，（ⅰ）の動機による借入では，借入語の意味が借入対象語と比べて狭くなる傾向がみられ，しかも利用される語義が非プロトタイプ的意味であることも多い．このような借入語の特殊化傾向と借入のコンテキストの関係については，7.4.1 項で論ずる．

一方，（ⅱ）-（ⅲ）のケースでは，上述のように，おうおうにして借入言語に同義の本来語が存在し，場合によると借入語と本来語の間で競合が起こる．もちろん，競合の結果，借入語と本来語のいずれかが廃用となれば，そもそも意味変化は起こらない．けれども，本来語がその後も存続するケースでは，ほぼ例外なく借入語と本来語のいずれかまたは双方に意味変化が生ずる．このような意味の差別化（semantic differentiation）については，7.4.2 項でとりあげる．

7.4.1 語彙の「空白」の充填と借入語の意味変化

まず，本項では，語彙の「空白」の充填を動機とする借入と借入語の意味変化の関係について考えてみたい．上述のように，このタイプの借入では，借入対象語の多義のうち，語彙の「空白」部分に相当するもののみが活用される．そのため，借入語が表す語義の範囲は借入対象語より有意に狭くかつ特殊になる傾向が強い．借入語が示す強い特殊化傾向はこれにより説明できる．実際，7.3.1 項の a. でみたように，日本語の英語借入語では，周辺的語義へと特化した例が数多くみられるが，後述のように，借入語の特殊化傾向は借入対象語が基本語彙である場合に最も顕著となる．

たとえば，日本語の「アーム」はロボットなど〈機械の腕〉のみを指し，いわゆる人間の〈腕〉は表さない．後者を指す語としては日本語にはすでに「腕」があるが，一方，〈機械の腕〉を表す語は「アーム」の他になく，その概念は語彙の

7.4 借入の動機と意味変化　　　　　　　　　　　　　　　　　165

「空白」となっていた可能性が高い．そして日本語話者はその概念の「空白」を埋めるために arm〈腕〉を借入したのである．英語の arm は,〈腕〉の他,〈腕力〉や〈武器〉などを指し,「アーム」に相当する語義は周辺的意味にすぎない．一方,「アーム」には前者の語義はない．結局,借入対象語 arm が借入される過程で,〈機械の腕〉以外の語義はすべて捨象されたことになる．上述のように,これは借入対象語の多義のうち語彙の「空白」を埋めるために必要な語義だけを「つまみ食い」的にとり入れた結果である．7.3.1 項 a. でみたように, これと同じ意味の特殊化は「アイロン」,「エキストラ」,「シスター」など多数の英語借入語にみられる．

　このような語彙の「空白」の充塡を目的とする借入は,特定のコンテキストに限定した形でなされる．たとえば,「アーム」の場合,おもに工作機械が関連するコンテキストにおいて〈機械の腕〉を指す表現が要求され,その結果,arm が当該コンテキストで持つ語義〈機械の腕〉のみが利用されたのである．多義性（polysemy）というが,通常,特定のコンテキストでは語の解釈に曖昧性はみられない．たとえば,ここで問題とするコンテキストでは,arm の〈(人間の) 腕〉あるいは〈武器〉といった解釈は必然的に背景化され,〈機械の腕〉という解釈のみがクローズアップされる．結局,このタイプの借入語の意味が強く限定される理由は,借入のプロセスそれ自体が特定のコンテキストに限定されるからである．

　なお「アーム」の〈機械の腕〉という語義は明らかに arm のプロトタイプ的意味ではない．それはいうまでもなく〈(人間の) 腕〉である．LODCE[6] では,〈機械の腕〉の語義はようやく 12 番目に出てくる．同様に, sister の〈シスター〉の語義は 3 番目, extra の〈エキストラ〉の語義と iron の〈アイロン〉の語義は 2 番目である．ただしこれらの借入語において周辺的語義がクローズアップされたのは,借入が特定のコンテキストに限定されることの偶然の帰結である．要するに,借入が行われた場面がたまたま借入対象語にとってプロトタイプ的なコンテキストでなかっただけである．また, arm や sister のように,基本語彙が借入対象語となる場合,それらの語のプロトタイプ的語義にはすでに本来語が割り当てられており,もはや借入語によって充塡すべき「空白」は存在しない．したがって,このようなケースでは,借入語の語義は必然的に借入対象語の周辺的語義となる．以上のように,これらの事例にみられる特殊化は,先ほどみた借入語と本

来語の競合の結果生ずるものとはまったく原因が異なる．後者のケースでは，借入語と本来語の競合の結果，いずれかの語が上位語の地位を占め，逆にもう一方の語は意味の差別化のために特殊化する．すなわち，特殊化は語が他の語との競合に敗れてニッチを失うために生ずる．

以上の考察により借入語の特殊化傾向が説明できるが，次に意味の拡張を伴う例について考えてみたい．これは借入の際に，借入対象語の語義に基づく意味拡張がなされ，その結果，借入語が借入対象語にない新たな意味を獲得するパターンである．たとえば，「プリント」の〈印刷物〉の意，「エスケープ」の〈授業からの脱出〉の意は，それぞれ借入対象語である print〈印刷〉や escape〈脱出〉には存在しない．これらの語が「和製英語」とされるのはそのためである．だが，7.3.1 項 b. でみたように，これらの意味の拡張メカニズムは比較的容易に理解できる．「プリント」では，印刷という行為とその産物を関連付けるメトニミーが関与した可能性が高く，一方，「エスケープ」では，危険からの脱出と退屈な授業からの「脱出」の間の概念的類似性に基づくメタファーが働いた可能性が高い．

さて，以上のような意味拡張の動機とは何だろうか．筆者はこれもおもに語彙の「空白」の充塡を目指した方策だと考える．たとえば，「エスケープ」の例では，おそらくこの語の導入以前は，〈授業からの脱出〉という概念を1語で表す表現は存在しなかった，すなわち，借入以前，この概念は語彙の「空白」となっていたものと思われる．このケースが先ほどの「アーム」などと異なる点は，英語にもやはりこの概念を指す語が存在しないと思われることである（英語では 'cut a class' などのフレーズが用いられる）．そのため，日本語話者は最も概念的に近いと思われた escape を採用し，しかも用法を若干拡張してこの「空白」を埋めたのである．結局のところ，この「間に合わせ」的な用法拡張が「エスケープ」の日本語独自の意味拡張につながったのである．

同様に，「シール」は〈絵や文字を印刷した装飾用の糊つき紙片〉を意味するが，封印用ではなく，おもに装飾あるいは目印とするための紙片である．日本語にはこれらの概念を1語でカバーする表現は現在も「シール」の他になく，借入以前にはやはり語彙の「空白」となっていたと思われる．そこでやや外観上「シール」に似た seal〈封印〉の用法を拡張して間に合わせたのではないかと思われる．ただしその用途からすると，「シール」は seal より概念的に sticker〈ステッカー〉に

近い．それなのになぜ日本語話者が sticker を選ばなかったのか，現段階ではよくわからない．それはともかく，この用法拡張の結果，seal の語義が拡張され，日本語の「シール」となった．

一方，「プリント」のケースでは，日本語にはすでに「印刷物」という表現が存在し，〈印刷物〉という概念が語彙の「空白」であったかどうかやや疑問が残る．けれども，「プリント」は印刷物すべてを指すわけではない．「プリント」はおもに〈個人的に印刷した（学習用の）資料〉を表し，通常，印刷会社など専門業者が印刷したパンフレットやチラシの類は指さない．この点からすると，〈個人的に印刷した（学習用の）資料〉という概念もやはり語彙の「空白」となっていた可能性が高い．このケースは語彙の「空白」の充填というより，むしろ以前に存在しなかったより細かな意味区分の導入という方がふさわしいように思われるが，これも伝統的に語彙の「空白」の充填の一つのパターンとされる．

最後に，「スマート」のような意味転換が関与する例について論じて本項をしめくくる．筆者は，例外はあるものの，このタイプの意味拡張のおもな目的もやはり語彙の「空白」を充填することだと考えている．したがって，これらの例でも基本的な点で「エスケープ」などと類似した用法拡張が働いていると考えられるが，用法拡張の基盤となるメカニズムが質的に異なる．

たとえば，「スマート」の〈すらりとした美しい体型をした〉の語義は借入対象語 smart には存在しない．ただしこれと関連した smart の意味としては，〈おしゃれな〉（イギリス英語）あるいは〈あか抜けた〉がある．やはり連想的な関連は感じられるが，これらの語義の間の概念的な隔たりは，メタファーやメトニミーなど一般的な意味拡張のメカニズムでは埋めがたい．むしろ両者を結び付けるのは，「体型⇔外見のよさ」という双方向的な連想的関係であろう．とりわけ日本の文化では〈体型〉と〈外見のよさ〉の間の連想的関係が強い．これは，たとえば，「スタイル」（＜E style〈様式〉）という借入語が体型と外見のいずれをも指して用いられることからもわかる（e.g.「流行のスタイル」（外見），「スタイルがいい」（体型））．この点からすると，smart の外見に関わる語義から「スマート」の体型に関わる語義が連想的に生まれてきた可能性は十分にあるだろう．要するに，「スマート」の〈すらりとした美しい体型をした〉という語義は，こうした日本の文化的背景に基づく，日本語独自の連想による発達だと思われるのである．

ところで，近年の研究では，このような借入言語側における大きな語義の組み換えが関与するケースを純粋な借入語とはみなさない傾向が強い（Gottlieb and Furiassi 2015）．近年の研究者がそれらを「疑似借入語」（pseudo-loan），あるいは「偽英語表現」（false-Anglicism）などと呼ぶのはそのためである．このタイプの「借入語」は，英語のグローバル化を背景に，広くヨーロッパの言語に浸透しつつあるという．たとえば，ドイツ語の handy（＜E handy〈便利な〉）は〈携帯電話〉を指し，オランダ語の puncher（＜punch〈拳で強く打つ〉＋ -er〈～する人〉）は〈ボクサー〉を表す．これに類する例は，A Dictionary of European Anglicisms（Görlach 2001）に多数収録されている．近年の研究では，偽英語表現を真の借入語と区別する目安として，借入語が母語話者にとって理解可能かどうかという基準が用いられる．たとえば，先ほどの handy の〈携帯電話〉の語義は英語にはなく，母語話者にとって理解不能である．この基準によれば，上掲の意味転換を示す英語借入語の多くも偽英語表現とみなしうる．

　ただし借入語の意図しない用法の拡張と造語の区別はときに困難である（Gottlieb and Furiassi 2015: 19）．たとえば，先ほどの「スマート」は微妙なケースである．一方，「カンニング」はどちらかといえば創意による造語の可能性が高い．まず「カンニング」のケースでは，それが不正行為を指すことからすると，借入対象語 cunning〈ずるさ〉との意味的関連は容易に理解できる．とすると，「ずるさ⇒ずるい行為⇒不正行為」という連想の連鎖によって cunning の意味が〈ずるさ〉から〈不正行為〉へとつながった可能性は十分にある．ただし「カンニング」の用法が試験での不正行為のみに限定されている点はやや不自然に思われる．だが，これも試験という限定されたコンテキストでの造語だと考えれば納得がいく．しかも日本語に「カンニング」がカバーする概念を1語で表す表現が他に存在しないところからすると，「カンニング」も概念の「空白」を充塡する試みから生まれた可能性が高い．要するに，意味転換も英語の要素を用いた造語により語彙の「空白」を埋めるための方策の一つだと思われる．

　同様に，「ハーフ」も創意に基づく造語とみる方が自然である．日本語では「アメリカ人と日本人のハーフ」というが，ここでの「ハーフ」は〈人種の異なる両親から半分ずつ血を引く混血児〉ほどの意味で，英語の half の語義〈半分〉とは概念的に異質である．そのため，前者から後者への意味拡張は通常の意味変化の

パターンからは想像しがたい．むしろ「アメリカ人と日本人のハーフ」を英語では 'half American and half Japanese' というので，「ハーフ」はこのような表現との連想に基づく造語だと考えた方がよい．しかもこれも語彙の「空白」を埋めるための試みである可能性が高い．たしかに〈混血児〉という語はもともと日本語に存在したが，「ハーフ」は単に〈混血児〉を指すのではなく，特に異なった人種の両親から半分ずつ血を引く混血児のことを指す．現在「ハーフ」以外にこの概念をカバーする表現が他にみられないところからすると，この概念を表す語はもともと日本語になかった，すなわち，この概念は語彙の「空白」となっていた可能性が高い．

　以上，語彙の「空白」を埋めるという借入の動機を想定し，また借入が限定されたコンテキストにおいてなされると想定すれば，7.3.1 項でみた意味変化のパターンが容易に説明できる．以上の議論では，おもに日本語の英語借入語を例として用いたが，*A Dictionary of European Anglicisms* に収録された例をみるかぎり，ヨーロッパ諸国における英語借入語の多くにも同じ分析が適用可能であるように思われる．

7.4.2　借入語と本来語の競合と意味の差別化

　次に，ドナー言語の「権威」に基づく借入と，その結果生ずる借入語と本来語の競合に移る．ただしこのカテゴリーには，先ほどふれた表現効果をねらった借入も含まれる．さて，既述のように，借入語と同義の本来語が並存するケースでは，通例，両者の間に何らかの意味の差別化が生ずる．なおここでいう「意味の差別化」とは，同義に思われる，あるいはかつて同義であった対の語が，互いに異なった意味を担い，結果として相互互換性が失われる意味変化を指す（Bréal 1900: 27）．

　有名な例では，本来語の shirt〈シャツ〉と借入語 skirt〈スカート〉（＜ON skyrta〈シャツ〉）の並存がある．これらはゲルマン祖語（Proto-Germanic）の *skurtjon〈短く切った衣服〉から分かれた同語源語（cognate）で，どちらも本来の語義は〈シャツ〉である（このように借入の結果，語源を同じくする語が意味の差別化をへて併用されるものを「二重語」（doublet）という）．後者の借入は「権威」のためか，先ほどふれた表現効果のためか，はたまた他の要因が働いたの

か，現在ではもはや判然としない．だが，その結果，両者の間に何らかの競合が生じたことは想像にかたくない．結局，元来同義語であった両語が並存できたのは，借入語 skirt の意味が〈スカート〉に変化し，本来語 shirt との競合が解消されたからである．要するに，意味の差別化こそが両者の共存の鍵だったのである．ちなみに〈シャツ〉の意味が〈スカート〉へと変化した理由は，ヴァイキング (Viking) のシャツの裾がスカートのように長かったためであるという（寺澤 1997: 1289）．

次に，infant〈赤ん坊，幼児〉のケースに移る．この語は OF の enfant〈子供〉に由来し，「権威」に基づく借入，または表現効果をねらった借入によるものと考えられる．さて，前者は借入当初，〈子供一般〉を指して使われたが，child〈子供〉との意味の差別化の結果，特殊化により〈幼児，赤ん坊〉のみを指すようになった（寺澤 1997: 712）．これは「権威」ある借入語の方が本来語との競合に敗れて特殊化した比較的まれなケースである．おそらく child の抵抗力を支えたのはその桁外れの使用頻度の高さであろう．バイビー（J. Bybee）によると，使用頻度の高さは言語変化に対する免疫となる（Bybee 2007: 271-272）．これを「保守効果」(conserving effect) と呼ぶが，保守効果は言語変化のみならず借入に対しても効果を発揮する．基本語など使用頻度が高い本来語ほど存続しやすいのはこのためであろう．

だが，英語史では，競合の結果，差別化によって本来語の意味が特殊化するケースの方がはるかに多い．たとえば，OE の deman〈裁く〉はノルマン征服後，OF からの借入語 judge〈裁く〉にとってかわられたが，現在でも deem は〈～とみなす〉の語義で細々と命脈を保っている．同様に，OE の cynelic〈国王の，王室の〉も OF 起源の royal〈国王の，王室の〉に置きかえられたが，前者に由来する kingly はなお〈王らしい〉の語義で使われる．これらのケースは，本来語が借入語との競合に敗れて特殊化した例だが，これも意味の差別化の結果だと思われる．なおここでの勝敗を決定付けたのは単純にドナー言語の「権威」であろう．ノルマン征服以降，アングロ・サクソン人は政界，司法界，宗教界からほぼ完全に駆逐され，それと同時にそれらの分野における英語の権威は失墜した．そのため，政治，司法，宗教に関わる本来語のかなりの部分がフランス語起源の借入語に置きかえられ，廃用となった（Sheard 1954）．けれども，借入語との競合に敗

7.4 借入の動機と意味変化

れた本来語が存続するケースでは，ほぼ例外なく借入語と本来語の間に意味の差別化が生じ，競合が解消されている．

また，7.3.2 項でふれた〈動物一般〉を指す語の盛衰にもふれておこう．英語の本来語 deer は，フランス語からの借入語 beast に敗れて特殊化し，現在の〈鹿〉になった．これは本来語が「権威」ある借入語に上位語の地位を明け渡すという英語史ではきわめてありふれたケースである．だが，その後の animal と beast の競合では，借入語どうしの競合となり，最終的には後者が敗れて上位語の地位を前者に譲った．deer と beast の競合，そして beast と animal の競合，どちらのケースでも，最終的には意味の差別化により競合が解消されている．なお後者のケースに関して興味深いのは，どちらも古フランス語由来の「権威」語であった点である．競合する語がどちらも「権威」あるドナー言語に由来するケースでは，「権威」の有無それ自体は勝利の鍵とならない．実際，それだけに，両者の競合は長期にわたり，なかなか決着がつかなかった（7.3.2 項）．最終的に animal に軍配があがったのはおそらくこの語の斬新さのためであろう．とりわけ表現の新奇さを重んじる口語のディスコースでは，古めかしい響きのある語はとかく陳腐な表現として避けられやすい．

以上の例は，借入によって借入語と同義の本来語が並列し，その結果，両者の間に競合が起こり，いずれか一方あるいは双方に意味変化が生じた例である．だが，これもよく指摘されることだが，英語では現在でもなお「同義語」の対は数多くみられる．たとえば，begin と commence〈始める〉，freedom と liberty〈自由〉，help と aid〈助ける〉，wedding と marriage〈結婚（式）〉など枚挙にいとまがない．この事実は上記の一般化の反証となるのだろうか．これらの対では，フランス語から借入語が導入されて以来，ずっと競合が続いているといえるのだろうか．答えは否である．まず，これらの対は厳密には同義ではない．これらの語の間には，口語／文語のようなスタイル（style）の違いや7.2節でふれたコノテーションの違いなど，少なくとも語用論的な違いがみられる（Matras 2009: 150）．たとえば，フランス語由来の借入語に本来語にないフォーマルな響きが伴うことは，フランス語借入語の特徴としてたいていの英語史の教科書に書かれている．要するに，これらの対の間にはもはや真の意味の競合はみられないと思われるのである．とすると，これらの対でも，レジスター（register, 使用域）の特

化などさまざまな差別化が生じて競合が解消されていると考えてよい．このような語用論的な差別化も，広義の意味変化と捉えることができる．

　表現効果をねらった借入においてもこれに類似したコノテーションの差別化がみられる．というより，この場合，コノテーションの差別化こそが借入のおもな動機なので，これは当然のことといえるだろう．「クリスタル」と「水晶」，「サポート」と「援助」といった借入語と本来語の対の間のニュアンスの違いは誰の目にも明らかである．要するに，借入語には本来語にない洗練されたイメージがある．だが，いうまでもなく，crystal〈水晶〉や support〈援助〉といった借入対象語それ自体にはこのようなコノテーションはもともと存在しなかったはずなので，これも借入後に生じた意味変化の一つといえるかもしれない．表現効果をねらった借入は，おそらくノルマン征服後あるいはルネサンス期のイギリス社会でも頻繁に行われたものと想像される．だが，借入語の多くは時を経るにつれて英語に同化してかつての表現効果を失ってしまう．たとえば，face〈顔〉や change〈変化する〉といったフランス語起源の借入語も，かつては「クリスタル」や「サポート」と同様のコノテーションをもっていたことは想像にかたくない．

　以上のように，競合の結果本来語または借入対象語に特殊化が生ずるおもな要因は，同義語間の意味の差別化だと思われる．これはブレアル (Bréal, M.) の「差別化の法則」(Law of Differentiation) を思い起こさせる (Bréal 1900: Chap. 2)．差別化の法則とは，複数の同義語が併存する場合，その状況を回避するために，それらの語が意味的に差別化されるか，あるいはどちらか一方が廃用になるという一般化のことである (Bréal 1900: 28)．上述のように，複数の同義語が並び立つ状況が生ずる主要な要因の一つに借入がある．ブレアル自身も方言間ではあるが，借入に伴う意味の差別化にふれている．それによると，かつてとあるフランス語の方言で〈部屋〉を païlé といったが，標準語の chambre〈部屋〉が借入されると，前者は特殊化により〈屋根裏部屋〉となったという．これはまさに本項でみてきた意味変化のパターン——すなわち，「権威」ある借入語が導入された結果，それと同義の本来語との間に競合が生じ，後者が意味の差別化により特殊化される——を地で行くものである．

　ブレアルのいう差別化の法則とは，現代風にいうと同型性 (isomorphism) へと向かう人間言語の志向性のことである (Haiman 1985: Chap. 1)．これは一つの

意味に対して一つの形式をあてるという言語の傾向性を指す．実際，本節でみた意味の差別化がこの志向性のために生ずると考える研究者も少なくない（たとえば，Anttila 1972: 161）．あいにく同型性には厳密な定義が難しいという難点はあるが，かくも徹底的に意味の差別化がなされる理由は少なくともこれによって説明できる．ただしなぜこのような志向性が生まれるかという点については，研究者の間でも十分な合意が得られていない．ブレアルは，複数の同義語の併存が「不要かつ危険」(useless and dangerous) だからと説明している．これはおそらく同義語の併存が曖昧性を生み，コミュニケーション上の阻害要因となることを指すのだろう．だが，むしろ一つの形式に対して一つの意味を措定する——あるいは形式の相違がコミュニケーション上の目的の相違を含意するものと期待する——人間心理の傾向性と考える方が自然であろう（Haiman 1985: 24）．

◆ 7.5 まとめ

本章では，借入と意味変化の関連をいくつかの角度から検討した．まず，借入に関連した意味変化には，(A) 借入語それ自体が被る意味変化と (B) 借入の招く意味変化がある．前者に関しては，借入語にみられる意味変化のパターンを，①意味の特殊化，②意味拡張，そして③意味転換に分類し，それぞれについて日本語にみられる英語借入語を例としてあげた．これらのパターンが借入によって語彙の「空白」を充塡するための試みから生ずるというのが筆者の考えである．(B) については，特定の意味場に借入語が導入されたことによって借入語と本来語の間に競合が生じ，その結果，いずれかに意味変化が生ずるというパターンをおもに英語史の例を用いて説明した．このような借入語と本来語の競合は，おもに「権威」の借用を目的とした借入，あるいは表現効果をねらった借入に端を発し，意味変化は同義語間の意味の差別化のために生ずると考えられる．

Q より深く勉強したい人のために

- Sheard, John A. (1954) *The Words We Use*, London: Andre Deutsch.
  印欧祖語の時代から現代にわたる英語の語彙の変化を詳細に扱う英語語彙史の入門書．古英語以降の部分で古ノルド語やフランス語など他言語からの借入と借入の英語

語彙に対する影響について明快に論じている．大澤銀作氏の邦訳がある（『英語の語彙の研究』博文社）．
- Görlach, Manfred (2001) *A Dictionary of European Anglicism*, Oxford: Oxford University Press.
  欧州諸国語にみられる英語借入語をリスト化した初の辞典．和製英語に相当する「偽英語表現」（false Anglicism）はアスタリスク（*）によって他と区別してあり，初心者にもたいへんわかりやすい．この辞書に収録された偽英語表現と日本語の和製英語を比較すれば，借入語の意味変化についての一般化を構築する際の一助となるだろう．まだ邦訳は出版されていない．
- Furiassi, Cristiano and Henrik Gottlieb (2015) *Pseudo-English*, Berlin: Mouton de Gruyter.
  ヨーロッパ諸語にみられる「偽英語表現」についての最新かつ本格的な研究をまとめた論文集．本書で展開される理論は，ほぼそのまま「スマート」タイプ，あるいは「プリント」タイプの和製英語の分析に応用可能だと思われる．まだ邦訳は出版されていない．

文　献

亀田尚己・青柳由紀江・J. M. クリスチャンセン (2014)『和製英語辞典』丸善出版．
寺澤芳雄 (1997)『英語語源辞典』研究社．
前田　満 (2012)「意味変化」中野弘三 (編)『意味論』朝倉書店 : 108-133．
Anttila, Raimo (1972) *An Introduction to Historical and Comparative Linguistics*, New York: The MacMillan Company.
Bréal, Michel (1900) *Semantics: Studies in the Science of Meaning*, New York: Dover.
Bybee, Joan (2007) *Frequency of Use and the Organization of Language*, Oxford: Oxford University Press.
Denning, Keith, Brett Kessler, and William R. Leben (2007) *English Vocabulary Elements* (2nd ed.), Oxford: Oxford University Press.
Durkin, Philip (2009) *The Oxford Guide to Etymology*, Oxford: Oxford University Press.
Furiassi, Cristiano and Henrik Gottlieb (eds.) (2015) *Pseudo-English*, Berlin: Walter de Gruyter.
Gibbs, Raymond W. (1994) *The Poetics of Mind*, Cambridge: Cambridge University Press.（井上逸兵他（訳）(2001)『比喩と認知』研究社）
Görlach, Manfred (ed.) (2001) *A Dictionary of European Anglicisms*, Oxford: Oxford University Press.
Haiman, John (1985) *Natural Syntax*, Cambridge: Cambridge University Press.
Hock, Hans H. (1986) *Principles of Historical Linguistics*, Berlin: Mouton de Gruyter.

Kövecses, Zoltán (2002) *Metaphor: A Practical Introduction*, Oxford: Oxford University Press.

Lakoff, George (1987) *Women, Fire, and Dangerous Things*, Chicago: University of Chicago Press.（池上嘉彦他（訳）(1993)『認知意味論』研究社）

Lakoff, George and Mark Johnson (1980) *Metaphors We Live By*, Chicago: University of Chicago Press.（渡辺昇一他（訳）(1986)『レトリックと人生』大修館）

Luján, Eugenio R. (2010) "Semantic Change," in Silvia Luraghi and Vit Bubenik (eds.), *The Continuum Companion to Historical Linguistics*, London and New York: Continuum, 286–310.

Matras, Yaron (2009) *Language Contact*, Cambridge: Cambridge University Press.

Saussure, Ferdinand de (1983) *A Course in General Linguistics* (translated by Roy Harris), La Salle, Illinois: Open Court.（小林英夫（訳）(1972)『一般言語学講義』岩波書店）

Sheard, John A. (1954) *The Words We Use*, London: Andre Deutsch.（大澤銀作（訳）『英語の語彙の研究』）

Thomason, Sarah G. (2001) *Language Contact: An Introduction*, Washington, D.C.: Georgetown University Press.

Traugott, Elizabeth C. and Richard Dasher (2002) *Regularity in Semantic Change*, Cambridge: Cambridge University Press.

Ullmann, Stephen (1962) *Semantics: An Introduction to the Science of Meaning*, London: Basil Blackwell and Mort Ltd.（池上嘉彦（訳）(1969)『言語と意味』大修館）

Winford, Donald (2003) *An Introduction to Contact Linguistics*, Oxford: Blackwell Publishing.

辞書

LODCE[6] = *Longman Dictionary of Contemporary English* (6th ed.), 2014.

索　引

▶欧　文

ORIENT 関数　72
Penn-Corpora of Historical English　134
'some/any' 代名詞('some/any' pronoun)　146

▶あ　行

曖昧性　2-7, 32, 92, 110, 165
曖昧性除去(disambiguation)　110
アドホック概念構築(ad hoc concept construction)　111, 112
一義語(monoseme)　5
一方向性仮説(unidirectionality hypothesis)　146
一般化(generalization)　131
移動動詞　71
意味拡張(semantic extension)　18-22, 38, 42-45, 80, 108, 147, 155-161, 166-168
意味操作　53
意味転換(semantic shift)　64, 155, 159
意味の差別化(semantic differentiation)　164
意味場(semantic field)　53, 68, 75, 161
意味変化　23, 101, 107, 136, 151-164, 168-174
イメージ・スキーマ　81

オクシモロン(oxymoron)　119, 120
オックスフォード英語辞典(Oxford English Dictionary)　132
オックスフォード英語歴史シソーラス辞典(Historical Thesaurus of the Oxford English Dictionary)　132

▶か　行

外延(extension)　2
下位語(hyponym)　162
下位語義(sub-sense または micro-sense)　29, 32
下位タイプ関係　59
下位タイプ強制(subtype coercion)　53, 58
概念意味論(conceptual semantics)　53

概念的中心性　86
外来語　122, 126, 154, 155
下位類　4
核(core)　70
活性領域(active zone)　25
過程名詞表現(process nominal)　55
カテゴリー化(categorization)　161
カテゴリー拡張(category extension)　123
関係(relationship)　3, 5, 18, 21, 25, 39-43, 52, 81, 108, 132, 160
関数(function)　67
完全語義(full sense)　36
関連性(relevance)　5, 18, 21, 42, 82, 108-118, 126, 127
関連性の伝達原理(Communicative Principle of Relevance)　110
関連性理論(relevance theory)　108, 109
関連性理論に基づく理解過程(relevance-theoretic comprehension procedure)　110, 118
関連を持つ(related)　10

偽英語表現(false-Anglicism)　168
「機関」タイプ　34
疑似借入(pseudo-borrowing)　155
疑似借入語(pseudo-loan)　168
規則的多義性(regular polysemy)　22, 41, 43
起動(inchoative)　72
起動関数　72
機能的中心性　86
基本義　12, 15-22, 24-31, 34-38, 41-45, 86
競合(rivalry)　142
共合成(co-composition)　53, 63
近似表現(approximation)　115, 119
近接[性，関係]　41, 82

空間場(spatial field)　75
句語用論(phrasal pragmatics)　124
くびき語法(zeugma)　35

経験的共起(conceptual correlation) 90
継承構造(inheritance structure) 57
形態素(morpheme) 152
経路関数 71
結果名詞表現(result nominal) 55
ゲルマン祖語(Proto-Germanic) 169
言語接触(language contact) 153
言語的知識(linguistic knowledge) 6
限定用法(attributive use) 144

語彙意味論(lexical semantics) 53, 108
語彙概念形変化(lexical conceptual paradigm) 53, 54
語彙語用論(lexical pragmatics) 108, 118, 112
語彙借入(lexical borrowing) 152
語彙的拡張(lexical broadening) 112, 114, 116
語彙的構文化(lexical constructionalization) 137, 139, 140, 142
語彙的絞り込み(lexical narrowing) 112, 117
語彙表示(lexical representation) 54
語彙分解(lexical decomposition) 67
項(argument) 59, 67
項構造(argument structure) 57
合成性(compositionality) 139
　　──の消失(loss of compositionality) 143
構文(construction) 7-9, 104, 134-148
構文化(constructionalization) 137
構文文法理論(construction grammar theory) 131, 136
構文変化(constructional change) 137, 145
語義(sense) 2-23, 27-40, 67, 85, 106, 130-133, 152-170
語義間の関連性 17
語義ネットワーク 102
語形成(word formation) 137
語形変化 53
個体(individual) 67
誇張法(hyperbole) 115, 119
異なる意義(distinct sense) 87
語の意味構造(lexical semantic structure) 57
コノテーション(connotation) 154
コーパス言語学(Corpus Linguistics) 134
語用論(pragmatics) 108
語用論的強化(pragmatic strengthening) 88
コンテキスト(context) 15, 24-42, 46, 108-126, 131, 153, 164, 168

コンテキストの種類 29, 39, 46

▶さ　行

最近類 7
最終地点の焦点化(end-point focus) 82
最良の関連性の見込み(presumption of optimal relevance) 110
差異化の法則(Law of Differentiation) 172

時間場(temporal field) 75
指示関係性 20
指示関係的 21
辞書(lexicon) 53
実例(construct) 138
シネクドキ(synecdoche) 42, 83, 96, 130
借入(borrowing) 151
借入言語(borrowing language) 152
借入語(loanword) 151
種 7
自由拡充(free enrichment) 111
修辞表現 118
重層化(layering) 147
縮約表記法(abbreviatory notation) 53, 68, 70
種差(differentia specifica) 7
準語義 32
上位語(hypernym) 162
使用基盤モデル(Usage-Based Model) 91, 136
状態関数 72
状態変化動詞 63
焦点標識(focus marker) 139
使用の場コンテキスト(usage context) 31
使用頻度(frequency) 95, 102, 133, 140, 148, 170
使用文脈 101
所有場(possessional field) 75
処理労力(processing effort) 109, 113
自立性(autonomy) 15
自立的(autonomous) 15
新造語(neologism) 123, 124, 155
心的辞書(mental lexicon) 17
新分析(neoanalysis) 138
心理的関連性 12

推意(implicature) 110
数量限定詞(quantifying determiner) 145
スキーマ(schema) 91, 138
スキーマ性(schematicity) 139

索　引　　*179*

──の消失 (loss of schematicity)　143

生産性 (productivity)　139
　　──の消失 (loss of productivity)　143
生成 (generate)　63
生成語彙論 (generative lexicon)　52
生成的 (generative)　54
生成文法 (generative grammar)　53
接点 (node)　138
接尾辞 (suffix)　141
全体・部分[関係]　32, 39
全体・部分的曖昧性　32
選択関係　14
選択制限　59
選択的束縛 (selective binding)　53, 65
専門用語 (jargon)　130

相互調整 (mutual adjustment)　111
相互排他性　70
創造動詞　63
属性場 (identificational field)　75
束縛 (binding)　65

▶た　行

体系的多義性 (systematic polysemy)　22
タイプ頻度 (type frequency)　140
多義[性] (polysemy)　2, 5-9, 24, 32-38, 41-46,
　52-54, 62-77, 81-85, 91-103, 106, 130, 157
多義語 (polyseme)　5-20, 35-37, 41-45, 51, 75-77,
　80, 106
堕落 (pejoration)　131
段階性 (gradience)　136
単義 (monosemy)　62, 93

中心義　85

定着した (established)　17
定着性 (establishment)　16
定着度 (degree of entrenchment)　94, 140
出来事構造 (event structure)　57
撤回 (retraction)　147
転義リンク　89

同一性テスト (identity test)　35
同音異義語 (hyponym)　3, 6-13, 17, 35, 94
同音異義[性] (hyponymy)　3, 92

同義語 (synonym)　153
同型性 (isomorphism)　172
統語範疇　61
同値　9
「同類」制約　8
特質構造 (qualia structure)　53, 54, 57
特殊化 (specialization)　84, 155, 162-166, 170-173
特性 (property)　2, 25, 66, 92, 113, 143, 152
独立義　88, 93
トークン頻度 (token frequency)　140
ドッティドタイプ (dotted type)　56
トートロジー (tautology)　119
トラジェクター　81

▶な　行

内包 (intension)　2

認知言語学 (cognitive linguistics)　136
認知効果 (cognitive effect)　109, 113

ネットワークモデル　91, 95

ノルマン征服　153

▶は　行

背景化　64, 165
場所関数　68, 71
場所句　64
場所理論 (localistic theory)　75
橋渡し文脈 (bridging context)　147
派生義　12, 14, 16, 17, 34-45, 106, 108
派生的な意味　64

非体系的多義性 (non-systematic polysemy)　22
百科事典的含意　7
百科事典的知識 (encyclopedic knowledge)　6-10,
　14, 15, 45, 62
表意 (explicature)　110
表音文字 (phonogram)　132
評価形容詞　65

ファセット (facet)　29, 33
不確定性 (indeterminacy)　6
不規則的多義性 (irregular polysemy)　22, 43
不特定代名詞 (indefinite pronoun)　146
不明確性 (vagueness)　4

フレーム知識　98
プロトタイプ（prototype）　84, 91, 157
文概念構造　72
文コンテキスト（sentential context）　31
文法化研究（grammaticalization studies）　137
文法的構文化（grammatical constructionalization）
　　139, 144
文脈含意（contextual implication）　109
文脈的変種（contextual variant）　24
分類的曖昧性　32

ヘルシンキコーパス（Helsinki Corpus）　134
変種（variant）　3

放射状カテゴリー（radial category）　83, 84
飽和（saturation）　111
保守効果（conserving effect）　170
ホストクラスの縮小（host-class reduction）　142
補部強制（complement coercion）　53, 59

▶ま　行

マイクロ構文（micro-construction）　138

命題（proposition）　61
メタファー（metaphor）　37, 42, 80, 95, 115, 119,
　　130, 158
メタファー的［意味］拡張　12, 21
メタファー的転用　21
メトニミー（metonymy）　37, 82, 98, 130, 157

メトニミー表現　38

モノ（entity）　25

▶や　行

融合的な意味　64
優先規則（preference rule）　76
優先規則体系（preference rule system）　53, 75, 76

「読み物」タイプ　34

▶ら　行

ランドマーク　81
濫喩（catachresis）　119, 121

両義性（ambiguity）　6
両義的（ambiguous）　10
隣接［性，関係］　89, 98, 100, 159, 161

類　3
類似性　21, 84, 89-91, 95-97, 158, 166

歴史語用論（historical pragmatics）　134
歴史的関連性　12
レジスター（register）　171

▶わ　行

和製英語　155

英和対照用語一覧

本書に登場するキーワードの英和対照一覧を作成した.

▶ A

abbreviatory notation　縮約表記法
active zone　活性領域
ad hoc concept construction　アドホック概念構築
ambiguity　両義性
ambiguous　両義的
approximation　近似表現
argument　項
argument structure　項構造
attributive use　限定用法
autonomous　自立的
autonomy　自立性

▶ B

binding　束縛
borrowing　借入
borrowing language　借入言語
bridging context　橋渡し文脈

▶ C

catachresis　濫喩
categorization　カテゴリー化
category extension　カテゴリー拡張
co-composition　共合成
cognitive effect　認知効果
cognitive linguistics　認知言語学
Communicative Principle of Relevance　関連性の伝達原理
complement coercion　補部強制
compositionality　合成性
conceptual correlation　経験的共起
conceptual semantics　概念意味論
connotation　コノテーション
conserving effect　保守効果
construct　実例
construction　構文
construction grammar theory　構文文法理論
constructional change　構文変化
constructionalization　構文化
context　コンテキスト
contextual implication　文脈含意
contextual variant　文脈的変種
core　核
Corpus Linguistics　コーパス言語学

▶ D

degree of entrenchment　定着度
differentia specifica　種差
disambiguation　曖昧性除去
distinct sense　異なる意義
dotted type　ドッティドタイプ

▶ E

encyclopedic knowledge　百科事典的知識
end-point focus　最終地点の焦点化
entity　モノ
established　定着した
establishment　定着性
event structure　出来事構造
explicature　表意
extension　外延

▶ F

facet　ファセット
false-Anglicism　偽英語表現
focus marker　焦点標識
free enrichment　自由拡充
frequency　使用頻度
full sense　完全語義
function　関数

▶ G

generalization　一般化
generate　生成
generative　生成的
generative grammar　生成文法

generative lexicon　　生成語彙論
gradience　　段階性
grammatical constructionalization　　文法的構文化
grammaticalization studies　　文法化研究

▶ H

Helsinki Corpus　　ヘルシンキコーパス
historical pragmatics　　歴史語用論
Historical Thesaurus of the Oxford English Dictionary　　オックスフォード英語歴史シソーラス辞典
host-class reduction　　ホストクラスの縮小
hyperbole　　誇張法
hypernym　　上位語
hyponym　　下位語
hyponym　　同音異義語
hyponymy　　同音異義[性]

▶ I

identificational field　　属性場
identity test　　同一性テスト
implicature　　推意
inchoative　　起動
indefinite pronoun　　不特定代名詞
indeterminacy　　不確定性
individual　　個体
inheritance structure　　継承構造
intension　　内包
irregular polysemy　　不規則的多義性
isomorphism　　同型性

▶ J

jargon　　専門用語

▶ L

language contact　　言語接触
Law of Differentiation　　差別化の法則
layering　　重層化
lexical borrowing　　語彙借入
lexical broadening　　語彙の拡張
lexical conceptual paradigm　　語彙概念形変化
lexical constructionalization　　語彙的構文化
lexical decomposition　　語彙分解
lexical narrowing　　語彙の絞り込み
lexical pragmatics　　語彙語用論

lexical representation　　語彙表示
lexical semantic structure　　語の意味構造
lexical semantics　　語彙意味論
lexicon　　辞書
linguistic knowledge　　言語的知識
loanword　　借入語
localistic theory　　場所理論
loss of compositionality　　合成性の消失
loss of productivity　　生産性の消失
loss of schematicity　　スキーマ性の消失

▶ M

mental lexicon　　心的辞書
metaphor　　メタファー
metonymy　　メトニミー
micro-construction　　マイクロ構文
micro-sense　　下位語義
monoseme　　一義語
monosemy　　単義
morpheme　　形態素
mutual adjustment　　相互調整

▶ N

neoanalysis　　新分析
neologism　　新造語
node　　接点
non-systematic polysemy　　非体系的多義性

▶ O

Oxford English Dictionary　　オックスフォード英語辞典
oxymoron　　オクシモロン

▶ P

pejoration　　堕落
phonogram　　表音文字
phrasal pragmatics　　句語用論
polyseme　　多義語
polysemy　　多義[性]
possessional field　　所有場
pragmatic strengthening　　語用論的強化
pragmatics　　語用論
preference rule　　優先規則
preference rule system　　優先規則体系
presumption of optimal relevance　　最良の関連性の見込み

process nominal　　過程名詞表現
processing effort　　処理労力
productivity　　生産性
property　　特性
proposition　　命題
Proto-Germanic　　ゲルマン祖語
prototype　　プロトタイプ
pseudo-borrowing　　疑似借入
pseudo-loan　　疑似借入語

▶ Q

qualia structure　　特質構造
quantifying determiner　　数量限定詞

▶ R

radial category　　放射状カテゴリー
register　　レジスター
regular polysemy　　規則的多義性
related　　関連を持つ
relationship　　関係
relevance　　関連性
relevance theory　　関連性理論
relevance-theoretic comprehension procedure
　　関連性理論に基づく理解過程
result nominal　　結果名詞表現
retraction　　撤回
rivalry　　競合

▶ S

saturation　　飽和
schema　　スキーマ
schematicity　　スキーマ性
selective binding　　選択的束縛
semantic differentiation　　意味の差別化
semantic extension　　意味拡張

semantic field　　意味場
semantic shift　　意味転換
sense　　語義
sentential context　　文コンテクスト
'some/any' pronoun　　'some/any' 代名詞
spatial field　　空間場
specialization　　特殊化
sub-sense　　下位語義
subtype coercion　　下位タイプ強制
suffix　　接尾辞
synecdoche　　シネクドキ
synonym　　同義語
systematic polysemy　　体系的多義性

▶ T

tautology　　トートロジー
temporal field　　時間場
token frequency　　トークン頻度
type frequency　　タイプ頻度

▶ U

unidirectionality hypothesis　　一方向性仮説
usage context　　使用の場コンテクスト
Usage-Based Model　　使用基盤モデル

▶ V

vagueness　　不明確性
variant　　変種

▶ W

word formation　　語形成

▶ Z

zeugma　　くびき語法

編者略歴

中野 弘三
(なか の ひろ ぞう)

1936 年　大阪府に生まれる
1967 年　大阪市立大学大学院文学研究科博士課程修了
　　　　　名古屋大学文学部教授，愛知淑徳大学文化創造学部教授を経て
現　在　名古屋大学名誉教授
　　　　　博士（文学）

シリーズ〈言語表現とコミュニケーション〉1
語はなぜ多義になるのか
　―コンテキストの作用を考える―　　　　定価はカバーに表示

2017 年 3 月 20 日　初版第 1 刷

　　　　編 者　中　野　弘　三
　　　　発行者　朝　倉　誠　造
　　　　発行所　株式会社　朝　倉　書　店
　　　　　　　　東京都新宿区新小川町 6-29
　　　　　　　　郵便番号　162-8707
　　　　　　　　電　話　03（3260）0141
　　　　　　　　FAX　03（3260）0180
　　　　　　　　http://www.asakura.co.jp

〈検印省略〉

© 2017〈無断複写・転載を禁ず〉　　教文堂・渡辺製本

ISBN 978-4-254-51621-0　C 3380　　Printed in Japan

JCOPY 〈(社)出版者著作権管理機構 委託出版物〉

本書の無断複写は著作権法上での例外を除き禁じられています．複写される場合は，そのつど事前に，(社)出版者著作権管理機構（電話 03-3513-6969，FAX 03-3513-6979，e-mail: info@jcopy.or.jp）の許諾を得てください．

前都立大 中島平三編

言 語 の 事 典（新装版）

51045-4 C3581　　　B 5 判 760頁 本体19000円

言語の研究は，ここ半世紀の間に大きな発展を遂げてきた。言語学の中核的な領域である音や意味，文法の研究の深化ばかりでなく，周辺領域にも射程が拡張され，様々な領域で言語の学際的な研究が盛んになってきている。一方で研究は高度な専門化と多岐な細分化の方向に進んでおり，本事典ではこれらの状況をふまえ全領域を鳥瞰し理解が深められる内容とした。各章でこれまでの研究成果と関連領域の知見を紹介すると共に，その魅力を図表を用いて平明に興味深く解説した必読書

前都立大 中島平三・岡山大 瀬田幸人監訳

オックスフォード辞典シリーズ

オックスフォード 言語学辞典

51030-0 C3580　　　A 5 判 496頁 本体12000円

定評あるオックスフォード辞典シリーズの一冊。P.H.Matthews編"Oxford Concise Dictionary of Linguistics"の翻訳。項目は読者の便宜をはかり五十音順配列とし，約3000項目を収録してある。本辞典は，近年言語研究が急速に発展する中で，言語学の中核部分はもとより，医学・生物学・情報科学・心理学・認知科学・脳科学などの周辺領域も幅広くカバーしている。重要な語句については分量も多く解説され，最新の情報には訳注で補った。言語学に関心のある学生，研究者の必掲書

前都立大 中島平三編

ことばのおもしろ事典

51047-8 C3580　　　B 5 判 324頁 本体7400円

身近にある"ことば"のおもしろさや不思議さから，多彩で深いことば・言語学の世界へと招待する。〔内容〕I.ことばを身近に感じる（ことわざ／ことば遊び／広告／ジェンダー／ポライトネス／育児語／ことばの獲得／バイリンガル／発達／ど忘れ，など）　II.ことばの基礎を知る（音韻論／形態論／統語論／意味論／語用論）　III.ことばの広がりを探る（動物のコミュニケーション／進化／世界の言語・文字／ピジン／国際語／言語の比較／手話／言語聴覚士，など）

前早大 中村　明・早大 佐久間まゆみ・
お茶の水大 髙崎みどり・早大 十重田裕一・
共立女大 半沢幹一・早大 宗像和重編

日本語 文章・文体・表現事典

51037-9 C3581　　　B 5 判 848頁 本体19000円

文章・文体・表現にその技術的な成果としてのレトリック，さらには文学的に結晶した言語芸術も対象に加え，日本語の幅広い関連分野の知見を総合的に解説。気鋭の執筆者230名余の参画により実現した，研究分野の幅および収録規模において類を見ないわが国初の事典。〔内容〕文章・文体・表現・レトリックの用語解説／ジャンル別文体／文章表現の基礎知識／目的・用途別文章作法／近代作家の文体概説・表現鑑賞／名詩・名歌・名句の表現鑑賞／文章論・文体論・表現論の文献解題

前東北大 佐藤武義・前阪大 前田富祺編集代表

日 本 語 大 事 典

【上・下巻：2分冊】

51034-8 C3581　　　B 5 判 2456頁 本体75000円

現在の日本語をとりまく環境の変化を敏感にとらえ，孤立した日本語，あるいは等質的な日本語というとらえ方ではなく，可能な限りグローバルで複合的な視点に基づいた新しい日本語学の事典。言語学の関連用語や人物，資料，研究文献なども広く取り入れた約3500項目をわかりやすく丁寧に解説。読者対象は，大学学部生，大学院生，日本語学の研究者，中学・高校の日本語学関連の教師，日本語教育・国語教育関係の人々，日本語学に関心を持つ一般読者などである

中島平三総監訳　瀬田幸人・田子内健介監訳
ことばの思想家50人
—重要人物からみる言語学史—
51048-5 C3080　　　Ａ５判 312頁 本体6400円

言語の研究・言語学の進展に貢献のあった人物をプラトンやアリストテレスらの古代から、ヤーコブソン、チョムスキー、カメロンに至る現代まで50人を選び出し解説する。50人の言語学者により言語学の重要な歴史が鮮明に浮かび上がる。

前都立大 中島平三監修・編
シリーズ朝倉〈言語の可能性〉1
言　語　学　の　領　域　Ⅰ
51561-9 C3381　　　Ａ５判 292頁 本体3800円

言語学の中核的領域である言語の音,語句の構成,それに内在する規則性や体系性を明らかにし、研究成果と課題を解説。〔内容〕総論／音声学／音韻論／形態論／統語論／語彙論／極小主義／認知文法／構文文法／機能統語論／今後の可能性

◈ 朝倉日英対照言語学シリーズ〈全7巻〉 ◈
言語学・英語学の基本分野テキストシリーズ

宮城教大 西原哲雄編
朝倉日英対照言語学シリーズ1
言　語　学　入　門
51571-8 C3381　　　Ａ５判 168頁 本体2600円

初めて学ぶ学生に向けて，言語学・英語学の基本概念や用語から各領域の初歩までわかりやすく解説。英語教育の現場も配慮。〔内容〕言語学とは何か／音の構造／語の構造／文の構造／文の意味／文の運用

大阪学院大 服部義弘編
朝倉日英対照言語学シリーズ2
音　　声　　学
51572-5 C3381　　　Ａ５判 164頁 本体2800円

具体的音声レベルの事象に焦点をあて、音声学の基本を網羅した教科書。〔内容〕音声学への誘い／英語の標準発音と各種の変種／母音／子音／音節・音連鎖・連続発話過程／強勢・アクセント・リズム／イントネーション／音響音声学

同志社大 菅原真理子編
朝倉日英対照言語学シリーズ3
音　　韻　　論
51573-2 C3381　　　Ａ５判 180頁 本体2800円

音韻単位の小さなものから大きなものへと音韻現象や諸課題を紹介し、その底流にある抽象的な原理や制約を考察。〔内容〕音の体系と分類／音節とモーラ／日本語のアクセントと英語の強勢／形態構造と音韻論／句レベルの音韻論／最適性理論

北九大 漆原朗子編
朝倉日英対照言語学シリーズ4
形　　態　　論
51574-9 C3381　　　Ａ５判 180頁 本体2700円

語及び語形成を対象とする形態論の基本概念を解説し隣接領域からの多様な視点を紹介。〔目次〕文法における形態論の位置づけ／語彙部門／派生形態論／屈折形態論／語の処理の心内・脳内メカニズム／自然言語処理

名大 田中智之編
朝倉日英対照言語学シリーズ5
統　　語　　論
51575-6 C3381　　　Ａ５判 160頁 本体2700円

主要な統語現象が、どのように分析・説明されるのかを概観する。生成文法、特に極小主義理論の基本的概念と枠組を紹介。〔内容〕語彙範疇と句の構造／機能範疇と節の構造／Ａ移動／Ａバー移動／照応と削除

前名大 中野弘三編
朝倉日英対照言語学シリーズ6
意　　味　　論
51576-3 C3381　　　Ａ５判 160頁 本体2700円

意味論とは、言語表現が共通にもつ意味特性やそれらの間の意味関係を理論的・体系的に分析する学問。最近の認知意味論に至る研究成果をわかりやすく解説。〔内容〕意味とは／語の意味／文の意味Ⅰ／文の意味Ⅱ／意味変化

前甲南大 中島信夫編
朝倉日英対照言語学シリーズ7
語　　用　　論
51577-0 C3381　　　Ａ５判 176頁 本体2800円

具体的な言語使用を扱う語用論のテキスト。〔内容〕語用論的意味／意味のコンテキスト依存性／会話における理論／意味論的意味との接点／メタ表示／発話行為／ポライトネス／呼びかけ話およびエピセット

シリーズ〈言語表現とコミュニケーション〉 全3巻 各巻本体3200円

中野弘三（名古屋大学名誉教授）・中島信夫（甲南大学名誉教授）・東森 勲（龍谷大学教授）監修

本シリーズの構成：「言語表現」，「コンテキスト（コミュニケーションの場）」，言語表現とコンテキストを結びつける「語用論的能力」を三つの巻に分けて扱う．言語表現を発話レベルと語（句）レベルに分けて，語（句）とコンテキストの関係を第1巻と第2巻で，発話とコンテキストの関係を第3巻で扱う．「語用論的能力」は第3巻で詳しく扱うが，ほかの2巻の内容にもさまざまな形で関係する．

第1巻　語はなぜ多義になるのか―コンテキストの作用を考える　中野弘三 編

第Ⅰ部　基礎編：多義性の基本的問題［中野弘三］　　　　　　　　　　　　　200頁
 1. 語の多義性　2. 多義性とコンテキスト

第Ⅱ部　実践編：多義語分析の実践
 3. 多義語の分析Ⅰ―語彙意味論的アプローチ［大室剛志］　4. 多義語の分析Ⅱ―認知意味論的アプローチ［早瀬尚子］　5. 多義語の分析と語用論［井門 亮］

第Ⅲ部　応用編：意味変化の要因を探る
 6. 語義の歴史的変化とその事例［石崎保明］　7. 借入語にみる意味変化［前田 満］

第2巻　対話表現はなぜ必要なのか―最新の理論で考える　東森 勲 編　180頁

序章：対話表現とは［東森 勲］

第Ⅰ部　基礎編：対話表現の基本的問題
 1. 法表現［柏本吉章］　2. 婉曲表現［塩田英子］　3. 対話における談話標識［大津隆広］　4. 配慮表現［村田和代］

第Ⅱ部　応用編：対話表現はいかに変化したか―英語史的変化と日本語若者言葉―
 5. 対話表現と文法化―事例研究［米倉よう子］　6. 対話表現と若者言葉［尾谷昌則］

第3巻　発話の解釈はなぜ多様なのか―コミュニケーション能力の働きを考える
中島信夫 編　184頁

第Ⅰ部　基礎編：発話の語用論的解析と理解［中島信夫］
 1. コミュニケーションの諸相　2. 発話解釈による推論　3. 発話行為の選択と解釈　4. ポライトネスから見た発話行為の選択と解釈

第Ⅱ部　発展編：発話解釈のテーマ別探求と考察
 5. 重層的な発話行為の選択と解釈［中島信夫］　6. 否認における言語表現の選択と解釈［五十嵐海理］　7. アイロニーにおける言語表現の選択と解釈［春木茂宏］　8. ジョークにおける言語表現の選択と解釈［東森 勲］

上記価格（税別）は2017年2月現在